全球低碳经济发展与中国的路径选择

贾林娟　刘　辉　著

合肥工業大學出版社

本研究得到安徽广播电视大学
博士科研启动经费资助

前　言

21世纪以来，全球生态环境不断恶化，各地极端天气频繁出现，特别是全球气候变暖和能源短缺，给人类生存和发展带来了严峻的挑战。发展以低能耗、低污染、低排放为基础的低碳经济，成为应对气候变化和能源危机的有效途径。世界上许多国家都十分重视低碳经济发展，采取了一系列措施推动低碳经济发展，并取得了丰硕的成果。改革开放以来，中国工业化、城镇化飞速发展，能源消耗和二氧化碳排放急剧增加，导致环境污染和生态破坏日益严重，制约了中国社会经济的可持续发展。发展低碳经济是实现中国外延型经济增长模式向内涵型经济增长模式转变的战略选择，对促进中国经济发展方式转变，推动供给侧结构性改革，建设社会主义生态文明和建设和谐美丽的中国具有重要意义。

在结构安排上，本书共分为七章：

第一章为绪论，介绍了本书的研究背景、研究意义、国内外研究现状、研究方法与结构安排等内容。其中，国内外研究现状部分，对低碳经济的内涵、低碳经济的影响因素、低碳经济与经济发展方式的转变以及低碳经济发展的路径选择等理论做了系统的梳理。

第二章阐述了低碳经济的概念及低碳经济的理论基础。低碳经济至今没有约定俗成的定义，本书从概念上界定了低碳经济的含义，从不同的角度阐述了低碳经济的内涵。同时，从发展理念、自然规律、发展阶段、影响方式、发展路径等层面对低碳经济的相关理论进行了系统的梳理，为研究全球低碳经济发展及我国低碳经济的路径选择提供了系统的理论支持。

第三章主要论述全球低碳经济的发展状况、基本趋势及对全球经济发展的影响。本书选取英国、美国、日本和俄罗斯为研究对象，对这些国家的低碳经济发展状况及趋势进行了分析。这些国家发展低碳经济的成功经验，可以为我国的低碳经济转型提供有益的参考。低碳经济作为一种新兴的经济发展模式，将对全球经济发展产生重要而深远的影响：一是低碳经济将推动全球产业结构和能源结构调整；二是低碳经济将促进全球经济发展方式转变；

三是低碳经济发展将构筑全球竞争新格局，主要体现在对国际贸易格局和国际经济格局的影响上；四是碳交易作为低碳经济发展的产物，将主导未来世界经济的发展，在引领经济增长方式转变和节能减排中具有不可替代的作用；五是低碳经济使发展中国家面临更大的挑战，一方面，发展中国家的减排压力远远大于发达国家，另一方面，绿色贸易壁垒的出现将对发展中国家的出口贸易构成威胁。

第四章研究了中国低碳经济的发展现状及制约因素。首先论述中国能源消耗与二氧化碳排放的现状，然后对中国发展低碳经济的制约因素进行了系统分析。研究认为，中国作为能源消耗和碳排放大国，要发展低碳经济必然受到外部因素、内部因素和“偏向性”因素的制约，我们必须认清当前面临的严峻形势，把发展低碳经济作为一项重大而长远的战略任务。

第五章分析了中国向低碳经济转型的路径选择。向低碳经济转型是中国经济可持续发展的必然选择，向低碳经济转型的关键是构建低碳经济发展的理论框架。具体来说，低碳经济发展模式是以低碳经济理论为指导，以低能耗、低污染、低排放为基础，以低碳发展为努力方向，以节能减排发展方式为重点，以低碳技术为发展方法和手段，以可持续发展为目的的绿色、循环发展模式。本章提出了向低碳经济转型的具体措施，包括调整产业结构、推动技术进步、加强能源体系管理、能源替代、进行技术创新以及建立低碳消费方式等。

第六章主要根据中国低碳经济的发展现状及面临的问题，在借鉴发达国家发展低碳经济的成功经验的基础上，提出推进中国低碳经济发展的政策建议。

第七章为本书的结论与展望。在全球气候变暖的背景下，发展低碳经济是中国社会经济可持续发展的必然选择。低碳经济发展既需要法律法规及政府政策的支持，也需要制度创新和科技创新力量的支撑，还需要产业结构、能源结构及消费结构的调整。中国应当抓住当前经济转型的有利机遇，大力发展低碳经济。以可持续发展理论为指导，加快产业结构调整，积极开发、利用新能源和可再生能源，优化能源消费结构，推进制度创新和科技创新，建设社会主义生态文明，走出一条具有中国特色的低碳经济发展道路。

本书的出版得到了安徽广播电视大学董克老师的热情帮助，也得到了合肥工业大学出版社编辑的支持，在此表示衷心的感谢。

本书在写作过程中，参阅了大量中外文文献，这些文献在文后已一一列出，在此对相关作者表示衷心的感谢。由于时间仓促，书中难免存在不足或疏漏之处，恳请各位专家和读者批评指正。

贾林娟

2019年4月

目 录

第 1 章　绪　论

全球气候变暖不仅是当今国际社会密切关注的焦点问题，也是国际学术界研究的一大热点问题。全球气候变暖给人类的生存和发展带来了严峻的挑战，进而引发了全球范围内新一轮低碳经济转型热潮。发展低碳经济成为各国应对气候变化、保护环境以及保障能源安全的基本途径和战略选择。低碳经济被认为是继信息化革命之后的第四次产业革命，作为一种全面、协调、可持续发展的方式，它能够有力地推动经济发展方式的转变。改革开放以来，中国经济发展取得了举世瞩目的成就，但是作为能源消耗大国，高能耗在推动中国经济快速增长的同时，也带来了严重的环境污染、生态破坏等。因此，中国走低碳经济发展道路已经刻不容缓。围绕当前全球低碳经济的发展状况与趋势，研究中国的低碳经济发展及其影响因素，面对气候变暖、环境恶化、能源供求失衡的严峻挑战，研究中国如何选择正确的低碳经济发展路径等问题，具有重要的理论及现实意义。

1.1　研究背景

1.1.1　国际背景

工业革命以来，随着生产力的发展和科技的进步，人类开发和利用自然资源的能力大幅提升，化石能源的大规模开采及使用对社会经济发展，尤其对工业化、城镇化，起到了重要推动作用，但人类与自然之间的关系也随之发生了根本性变化。随着工业经济的发展、人口的剧增、以及对自然资源无节制地开采，全球能源消费急剧增加。这不仅使世界能源供应面临严重危机，还对人类社会的可持续发展构成严峻挑战。能源的过度消耗会导致大气污染、光化学烟雾、水污染和酸雨等一系列环境问题，尤其是大气中二氧化碳浓度升高带来的全球气候变化，给人类生产和生活带来严重的影响。气候变化对自然生态系统以及人类社会的影响将是全方位、多层面的，其负面影响尤为深远。全球气候变暖将导致极地冰川融化、海平面上升、沿海低地被淹没等一系列难以承受的、不可逆转的、持久性的严重后果。全球气候变化将会给人类带来难以估量的损失，而它在很大程度上取决于人类经济活动的内容及经济发展方式。传统工业化过程中的高碳经济发展模式是导致温室气体排放量过大，从而造成气候变化的主要原因。因此，越来越多的国家开始关注气候变化与经济发展方式之间的联系。转变经济发展方式,发展低碳经济,削减二氧化碳排放量,遏制全球气候变暖,已成为国际社会的共识。

国际社会在应对气候变化方面采取了一系列积极行动。在国际气候制度框架层面,1992年6月,在巴西里约热内卢召开的联合国环境与发展大会,通过并签署了联合国气候变化框架公约;2005年2月,京都议定书正式生效,国际上首次以法规形式对温室气体排放进行限制;2007年12月,联合国气候变化大会通过了巴厘岛路线图,对发达国家的温室气体减排设定了具体目标;2009年12月,联合国气候变化大会通过了哥本哈根协议,就各国二氧化碳排放量问题,签署协议,根据各国的GDP大小减少二氧化碳的排放量;2012年11月,多哈世界气候大会,要求发达国家为发展中国家应对气候变化提供资金支持,推进了气候变化的多边进程。在各国的政策层面,许多国家已经认识到传统经济发展方式对资源环境造成的严重影响,开始积极开展节能减排行动,在减少碳排放的前提下实现经济可持续发展。正是在这样的国际背景下,世界各国开始寻求以减少二氧化碳排放为目的的低碳经济发展模式。

1.1.2 国内背景

2013年年初,中国中部、东部地区出现了大范围的持续雾霾天气,很多地方都笼罩在一片灰蒙蒙的雾霾之中。1月中旬,北京的空气污染指数接近了1000,PM2.5监测值严重超标。从中国东北到西北,从华北到中部的黄淮,甚至到江南地区,都出现了严重的空气污染。2013年6月,北京雾霾日达18天,成为继2013年1月之后又一个空气质量“爆表”月。“雾霾”一词成为2013年度的热门话题。2014年2月下旬,中国近1/7的国土被雾霾笼罩,其中华北地区最为严重。雾霾天气不仅给人们的出行带来了不便,还给人们的身心健康造成了严重的危害。事实上,每年秋冬季节,中国中部、东部地区都会出现持续的雾霾天气,雾霾的形成原因既有气象因素,也有污染排放因素。随着中国空气质量的恶化,雾霾现象增多,危害也不断加重。“冰冻三尺非一日之寒”,雾霾天气的频繁出现是中国大气污染的集中体现,其规模和复杂程度前所未有。如何治理雾霾,整治大气污染,已成为中国当前面临的亟须解决的问题。

雾霾天气的形成与我国当前的经济增长方式、产业结构和能源结构有很大关联。长期以来,中国经济增长具有明显的粗放型特征,即经济增长速度过快,能源和原材料消耗过多,能源利用效率低,能源高碳化现象严重。丰富的劳动力资源以及不合理的投资政策导致中国经济超常、过快发展,产生诸多不良后果,如经济增长方式粗放化、经济增长质量低、产业结构不合理、生态环境日益恶化等。随着改革开放的深化和工业化、城镇化的快速发展,我国已成为世界第一大二氧化碳排放国,面临着经济发展与环境保护的双重压力。2009年9月,联合国贸易和发展会议发布的《2009年贸易和发展报告》指出,在发展中经济体和转型经济体中,尤其是其中最大和发展最快的经济体,温室气体排放量出现了急剧上升的趋势,如果这些国家不采取有效行动,调整能源结构以及生产方式和消费模式,全球气候变暖趋势将日益严重。我国面临着来自国际社会的巨大减排压力。中国不仅是世界上最大的发展中国家,也是世界上二氧化碳排放量和增长量最大的国家，到 2020 年，中国经济仍将快速增长，能源消费及二氧化碳排放也将持续上升。因此，向低碳经济转型成为中国经济可持续发展的必然选择。

作为一个负责任的大国，中国充分认识到发展低碳经济的必要性和紧迫性。近年来，中国领导人多次强调要保护环境，发展低碳经济。2007 年 9 月 8 日，胡锦涛在亚太经合组织（APEC）第十五次领导人非正式会议上强调，应对气候变化是可持续发展的前提，明确提出中国要发展低碳经济。2013 年 5 月 24 日，习近平总书记在中共中央政治局第六次集体学习时指出，生态环境保护是功在当代、利在千秋的伟大事业，治理环境污染迫在眉睫；全面贯彻落实党的十八大精神，加强社会主义生态文明建设，为人民创造良好的生产和生活环境。中国应当牢牢把握经济发展方式转型的有利机遇，大力发展低碳经济；要以可持续发展为前提，提高环境保护意识，加快产业结构调整，积极推进节能减排和能源技术创新，加强能源体系管理，为发展低碳经济创造良好的制度条件和市场条件，探寻一条经济可持续发展与环境保护双赢的低碳路径，真正实现我国经济又好又快发展。

1.2　研究意义

低碳经济是以低能耗、低污染、低排放为基础的经济，其实质是经济发展方式、能源消费方式以及人类生产方式和生活方式的一次全新变革。它将全方位地改造建立在化石能源基础上的现代工业文明，向以清洁能源利用为基础的生态文明转变，这是在全球范围内对现代经济运行与发展进行的一场前所未有的能源经济革命。相对于我国传统的经济发展方式而言，低碳经济是一个全新的概念。随着低碳经济在全球的广泛推广和发展，向低碳经济转型将成为未来世界经济发展的主流。发达国家在低碳经济理论和实践方面已经取得了许多重要成果和成功经验。研究低碳经济，有利于我国从传统的高能耗、高污染、高排放的粗放型经济发展模式向低能耗、高产出的集约型经济发展模式转变，也有利于转变人们的生产、生活和消费方式。因此，本研究具有重要的理论意义和现实意义。

1.2.1　理论意义

目前低碳经济学还是一门刚起步的新兴交叉学科，它涉及环境学、生态学、经济学等多个学科。低碳经济理论正处于不断发展和完善之中，各国也在积极推进低碳经济实践，因此低碳经济的内涵和外延也在不断地丰富和扩展。随着全球气候变暖和能源危机的加深，许多国家将低碳经济视为未来新的经济增长点。从 2003 年英国能源白皮书《我们能源的未来：创建低碳经济》提出“低碳经济”一词至今，虽然只有十几年的时间，但低碳经济日益受到各国政府和学者的广泛关注，发展低碳经济也成为国际热门话题。近几年，虽然国内外对低碳经济的研究不断深化，但其理论体系还不够完善。国内学者对中国低碳经济发展的制约因素的研究并不全面，尤其是对中国低碳经济发展路径的研究仍存在不足。因此,本书在研究中国低碳经济发展制约因素的基础上,试图提出中国向低碳经济转型的基本路径,包括调整产业结构、促进技术进步、加强能源体系管理、推进制度创新、倡导低碳消费方式等。阅读本书,人们可以在一定程度上加深对低碳经济的理解,为推动中国低碳经济发展、探索一条具有中国特色的低碳发展道路提供一定的理论依据。

1.2.2 现实意义

发展低碳经济是一场涉及生产方式、生活方式、消费方式、价值观念和国家竞争力的全球性革命,它将重塑各国未来的经济结构和社会面貌。发展低碳经济也是中国经济可持续发展的必然选择,对于中国经济发展、环境保护和社会主义生态文明建设具有重大而深远的现实意义。自改革开放以来,中国经济社会发展取得了举世瞩目的成就,但是,在经济飞速发展的同时,却付出了巨大的资源和环境代价。中国要实现可持续发展,必须走低碳经济发展道路。但已有的研究和事实证明,中国低碳经济发展受一系列因素的制约。本书将中国低碳经济发展的制约因素分为三类:内部因素、外部因素和“偏向性”因素,在理论分析的基础上,对中国低碳经济转型的路径以及低碳经济发展提出可行性建议,这无疑具有重要的现实意义。因为发展低碳经济不仅是中国转变经济增长方式、调整产业结构、优化能源结构、实现可持续发展的重要途径,也是积极开展国际合作、提升我国国际地位的重要手段。

1.3 国内外研究现状

对于低碳经济的研究,无论在理论上,还是在实证分析方面,都积累了大量的研究成果。低碳经济之所以被学者们广泛研究,一方面是碳排放过量导致的全球气候变暖引起了各国政府的高度重视,走低碳经济发展道路成为各国经济可持续发展的必然选择;另一方面是低碳经济作为一个复杂综合的系统性问题,对其研究具有重要的理论意义和现实意义。通过研究国内外相关文献,本书从低碳经济的内涵、低碳经济的影响因素、低碳经济与经济发展方式转变以及低碳经济发展路径四个方面进行文献梳理。

1.3.1 低碳经济的内涵

1.3.1.1 国外对低碳经济内涵的研究

2003 年 2 月 24 日,英国政府发布的新能源白皮书《我们能源的未来:创建低碳经济》首次提出了“低碳经济”(Low-carbon Economy)的概念,并对低碳经济做了明确阐述:低碳经济是通过提高资源生产率(又称生态效率),强调以更少的资源消耗和更少的污染物排放,创造更好的经济效益;低碳经济是提高人类生存和生活质量的有效途径。此后,许多学者提出了对低碳经济的理解和看法。目前,学术界比较认同的是英国环境专家鲁宾斯德提出的观点，他认为低碳经济作为一种新的经济模式，与传统经济模式存在巨大差异，其核心是以市场经济体制为基础，通过制定低碳法律法规和配套政策，提高能源利用效率，推动节能减排技术、新能源和可再生能源技术的开发与运用，促进整个社会向低碳经济发展模式转型。

1.3.1.2　国内对低碳经济内涵的研究

国内对低碳经济的研究起步相对较晚，但对低碳经济内涵的理解和认识却比较全面、深入。庄贵阳(2005)认为，低碳经济的实质是提高能源利用效率和创建清洁能源结构，核心是低碳能源技术创新，在政府低碳法律制度框架和低碳政策的支持下，在全国范围内展开一场能源革命，建立一种低碳排放的可持续发展模式。鲍健强等(2008)认为，低碳经济是人类经济发展方式、能源消费方式和生活方式的一次全新的变革，它是实现人类由现代工业文明向生态文明转变的必要途径。游雪晴(2007)、张坤民等(2008)认为，低碳经济是以低耗能、低排放、低污染为特征的经济发展模式。方时姣(2009)把低碳经济纳入可持续发展的理论框架，认为低碳经济是经济发展过程中碳排放量最少、生态环境代价最小以及社会经济成本最低的经济，它能够改善生态系统的自我调节能力，具有很强的可持续性。潘家华等(2010)认为，低碳经济是一种经济形态，主要体现为碳生产力的进步和人文发展水平的提高。何建坤(2009)认为，低碳经济的本质是提高碳生产力，即减少单位二氧化碳排放量，生产更多的 GDP。中国环境与发展国际合作委员会(CCICED)(2009)将低碳经济界定为一个新的经济、技术和社会体系，与传统经济体系相比，低碳经济在生产和消费领域节约能源、减少温室气体排放的同时，还能保持经济社会的稳定与可持续发展。

通过对以上学者的观点的梳理，发现他们对低碳经济的理解和认识存在以下共同点：都部分地概括了低碳经济的核心特征，即减少碳排放；发展低碳经济的目的是应对气候变化、环境问题和能源危机；低碳发展的主要途径是改进低碳技术、提高能源效率和能源结构清洁化等。

1.3.2　低碳经济的影响因素

关于低碳经济的影响因素，国内外学者从不同的角度进行了分析，在理论和实证方面都积累了大量的研究成果。

1.3.2.1　产业结构

从产业结构角度探讨能源消费和碳排放问题，有利于正确认识和判断影响低碳经济发展的产业因素，从而制定有效的低碳产业政策。

(1)国外学者的研究

国外学者较早关注了产业结构变动对能源效率和能耗强度的影响。英国经济学家 Lewis(1954)在《劳动无限供给条件下的经济发展》一文中提出了二元经济结构理论，并在“结构红利假说”中论述了结构变动对能源效率的影响。Denison(1967)、Maddison(1987)认为，不同行业(或部门)劳动生产率和增长速度不同，能源要素会从劳动生产率低或增长速度较慢的部门向劳动生产率高或增长速度较快的部门转移，同时各行业(或部门)的总体能源效率将得到提高。Kambara(1992)、Richard(1999)认为,产业结构变化是导致能源消耗强度变化的主要因素。

(2)国内学者的研究

与国外学者的研究相比,国内学者主要从实证分析的角度研究了中国产业结构调整对能源消耗的影响,取得了不少的研究成果。史丹(2009)选取中国1980—1997年的相关数据,经过回归分析得出,结构变动对中国能源消费有着显著影响。中国在缺乏能源需求弹性的情况下实现经济的快速增长,主要归因于经济结构的变动。经济结构变动对中国能源消费的影响主要体现在:随着第一产业比重的下降,煤炭消费需求大幅下降;第二产业主要是工业比重的上升导致石油消费增加,随着经济规模的扩大和产业结构的调整,电力将成为中国的主要消费能源。李健等(2012)运用灰色关联分析法,选用中国2001—2008年的有关数据,从全国和地区两个层面研究了碳排放强度与三大产业之间的关联性,得出的结论是:首先,第二产业是影响碳排放强度的主要因素,但不是影响地区碳排放强度的绝对因素;其次,第三产业对地区碳排放强度的降低效应不明显,这主要与全国部分地区"重二产、轻三产"的政策有关,需要引起一定的重视;再次,第一产业对碳排放强度的影响最小。丁志国等(2012)选取中国1961—2009年的有关数据,采用协整关系检验、误差修正模型和Granger因果关系检验等实证方法,研究了碳排放、产业结构与经济增长之间的长短期影响关系,实证结果表明:从短期来看,经济增长与碳排放之间的影响关系与产业结构特征有关,就是说高增长不一定带来高碳排放;从长期来看,经济增长与碳排放之间不存在直接的因果关系,但通过产业结构调整可以使两者相互影响。郭朝先(2012)采用迪氏对数指标(Log Mean Divisia Index,LMDI)分解法,选取1996—2009年的有关数据,对碳排放进行分解,定量分析中国产业结构变动对碳排放变动的影响。在此基础上,根据对未来中国产业结构变动的预测,估算了2020年之前产业结构变动对中国碳减排的贡献。齐志新等(2007)运用因素分解法,分析了1993—2005年中国工业部门内部结构轻重比例变化对能源消费量和单位GDP能耗强度的影响,结果显示:重工业每增加一个百分点,能源消耗增加约1000万吨标准煤。从总体上来看,工业轻重结构变化对能源强度的影响小于部门强度因素,但近几年,随着中国重工业比重的增加,工业能源强度不断上升。付允等(2008)认为,产业结构决定了能源消费结构,从而影响能源消耗总量和能源强度,第二产业作为中国经济的重要支柱,其能源强度远远高于第一产业和第三产业。

此外,国内学者基于国际比较的视角,对产业结构调整与能源消费的关系进行了研究。刘再起等(2010)选取了1990—2004年美国、日本、德国、法国、英国、俄罗斯和中国等7个国家的碳排放量及产业结构的相关数据,运用似然不相关回归方法(Seemingly Unrelated Regression,SUR)实证分析了产业结构调整与低碳经济的相关关系,得出以下结论:首先,产业结构调整对低碳经济有很大影响,因此发展低碳经济必须调整产业结构;其次,三大产业发展均会增加二氧化碳的排放量,但单位产出增加量逐次减少;再次,各国技术水平和经济结构不同,导致各国三大产业发展对二氧化碳排放量的影响程度不同。张雷等(2008)通过对美国、英国、法国、德国、日本和印度等6个国家的产业结构演进和能源消费进行比较,认为在工业化进程中,国家能源消费总量增长将经历一个由快到慢的减速过程，单位 GDP 能耗则先上升后下降，其中，产业结构演进对能源消费需求具有加速效应和减速效应。一般来说，在工业化初期，制造业发展导致能源消费增加，此时能源消费的加速效应显著；当工业化发展到成熟阶段后，服务业发展使能源消费的减速效应逐步呈现。长期以来，中国第二产业发展过快，工业比重过高，产业结构演进呈现明显的刚性特征，极大地制约了产业结构节能效应的发挥。产业结构演进的趋势表明，中国可以通过产业结构调整和优化，实现从资源依赖的粗放型经济增长方式向知识和技术密集的集约型经济增长方式转变。

1.3.2.2　工业化和城镇化

(1)国外学者的研究

关于工业化和城镇化对能源消费的影响，Hiroyuki(1997)对多个国家 1980—1993 年的城市人口比例和人均能源消费进行回归分析，发现两者的对数呈正相关关系，即人均能源消费随着城镇化水平的提高而增加。Parikh 等(1995)从通勤能源的角度，对城市规模与能源消费的关系进行了分析，他们认为，随着城市规模的扩大，汽车、火车、等现代交通工具的使用和高峰时段堵车会产生大量能源浪费，导致能源消费增加。York(2007)利用 1960—2000 年欧盟国家的人口、能源消费量等有关数据，分析了人口和经济因素变化对能源消费的影响，结果表明，城市人口的增加和人口年龄结构的变化将会给能源消费的可持续性带来挑战。Gates 等(2004)对中国城镇化、居民以及商业能源消费之间的关系进行了实证研究，发现中国的城乡结构呈现能源型消费特征，城镇化导致电力需求增加。Shen 等(2005)对中国城镇化与能源需求之间的关系进行实证分析，得出两者之间存在较强的相关关系，城镇化与煤炭、石油、天然气之间的相关系数都超过了 0.7。

关于工业化和城镇化对碳排放的影响方面，Knapp T 等(1996)使用 Granger 因果关系检验分析了全球人口与全球二氧化碳排放量之间的关系，认为二者之间不存在长期协整关系，但全球人口尤其是城市人口的增长是导致全球二氧化碳排放增长的主要原因。Birdsall(1992)认为，城镇化导致城市人口增加，人口增长对温室气体排放的影响包括两个方面：一方面，城市人口增加导致能源需求增加，温室气体排放也随之增多；另一方面，城市人口急剧增加导致森林、草地面积减少，破坏了生态平衡，导致温室气体排放量增加。Wei 等(2003)认为，城镇化对碳排放具有双面效应：一方面，城镇化促进了经济发展，大规模的城市基础设施建设消耗大量能源，从而导致碳排放迅速增加；另一方面，随着城镇化发展和经济发展水平的不断提高，产业结构、产品结构、能源结构趋于合理，各种资源利用和要素配置进一步优化，能源强度不断下降，人均能源需求进入缓慢增长甚至趋于平稳的发展阶段。

(2)国内学者的研究

耿海清(2004)运用 1953—2002 年的数据，分别对中国城镇化率与煤炭、石油、天然气消费量进行拟合，发现三组相关系数都在 0.9 以上。因此，随着中国城镇化水平的提高，能源消费将增加。孙涵(2011)将工业化、城镇化两种因素纳入能源需求预测模型，对中国 1985—2009 年的相关数据进行预测分析，得出结论：中国工业化和城镇化的快速发展，导致能源需求大量增加。成金华(2009)运用面板数据，对中国东部、中部和西部地区的城镇化和能源消费进行分析，发现东部地区的城镇化水平和能源消费量远远高于中、西部地区，并且城镇化水平对能源消费的影响依次从东、中、西部地区逐渐递减。郑云鹤(2006)对中国能源消费与工业化、城镇化、市场化之间的关系进行回归分析，认为中国工业化与城镇化的快速发展导致能源消费增加，而市场化带来的优化资源配置则导致能源消耗减少。刘耀彬(2007)运用因素分解模型，测算了城镇化对中国能源消费的贡献和影响，结果显示，现阶段中国的城镇化对能源需求的贡献作用较小，而且还呈逐年下降的趋势。

张晓平(2005)对中国20世纪90年代以来的能源消费进行考察，指出宏观经济总量、产业结构、城镇化水平、居民消费结构的变化是影响中国能源消费总量和能源消费区域差异的主要因素。陈迅等(2008)认为，城镇化率是影响居民生活能源消费的主要因素之一，居民生活产生的碳排放和废弃物已成为影响城市环境的重要因素。吴巧生等(2005)运用广义差分法实证分析了中国能源消费与GDP之间的相关关系，结果表明，中国工业化水平每提高1%，能源密度则下降0.33%；从长期来看，工业化水平的提高有利于提高能源利用效率。黄飞雪等(2011)利用STR非线性平滑转换模型对城镇化与能源消耗之间的关系进行了分析，得出以下结论：首先，不同时期的城镇化对能源消费的影响不同，由于中国正处于城镇化发展的中期阶段，城镇化发展速度对能源消费的影响具有当期效应和累积效应；其次，随着城镇化水平的不断提高，城镇化的增长速度与付出的环境、能源代价呈正比；再次，城镇化不仅导致生产能源的增加，而且导致生活消费能源的增加。仇保兴(2005)认为，城镇化发展模式在一定程度上决定了能源消耗水平，中国应当遵循城镇化发展的原则，走资源节约型、紧凑型、可持续发展的城镇化道路。

1.3.2.3 技术进步

(1)国外学者的研究

第一，在技术进步对能源消耗的影响方面：Solow、Jorgenson等(1956)用全要素生产率(Total Factor Productivity，TFP)来代替技术进步。Khazzom(1980)认为，技术进步对能源效率具有回报效应(Rebound Effect)，技术进步由于提高能源效率而节省能源消耗，但技术进步在促进经济的快速增长的同时导致了能源需求的增加，部分地抵消了所节约的能源。Azomahou等(2010)运用经济增长理论，分析了先进的节能技术与原有能源技术的相互替代对能源消耗和经济增长的影响。模型假定在生产过程中，资本和能源具有一定的互补性，且得到的产出相等，这时使用先进节能技术的设备比使用传统技术的设备更节省能源。结果表明，能源市场结构合理与否在一定程度上决定了节能技术研发补贴作用的大小，而能源价格和资本贴现率则决定了经济增长率。Jacobsen(2000)认为，长期能源需求与同一时期技术进步和相关政策有关。

第二，在技术进步对能源强度的影响方面：Doms等(1995)认为，能源强度与行业特征有关，当这些异质性特征被控制后，企业所采用的技术是影响能源强度的主要因素。Ma等(2008)认为，技术进步对不同行业的能耗强度影响不同，其中，化工行业的技术进步使能耗强度的下降最明显。Bosetti等(2006)将技术进步作为内生因素，发现促使企业采用资源节约型、环境友好型技术的主要因素是研发投资和“干中学”效应，企业能耗强度将不断下降。Fisher-Vanden等(2006)对中国企业层面的数据进行了研究，发现提高能源价格与技术进步是降低中国工业部门能耗强度的重要因素。Ernst Worrell 等(2001)在对 1958—1994 年美国钢铁行业的碳排放数据进行对比分析的基础上，对每个生产流程的技术进行分析和鉴定，结果发现企业生产技术的改进使能源强度不断下降。

(2)国内学者的研究

国内学者主要针对技术进步对工业能源生产效率的影响进行研究。齐志新等(2006)运用拉氏分解法，通过对 1980—2003 年中国宏观能源强度以及 1993—2003 年中国工业部门能源强度下降的原因分析，认为技术进步是提高中国能源效率的决定性因素。李廉水等(2006)认为，技术进步有利于提高能源生产率，并且这种影响随着时间的变化而变化。何小钢等(2012)对中国工业 36 个行业的技术进步进行了实证考察，在工业节能减排转型特征的基础上，分析技术进步对节能减排的非对称影响。研究结果发现，高耗能、高排放行业有巨大的节能减排潜力，技术进步对节能减排和提高能效具有显著的正向影响。

1.3.2.4 消费方式和消费行为

随着居民生活消费成为终端能源消费的重要组成部分，居民消费方式和消费行为对能源需求和温室气体排放的影响越来越受到国内外学者的重视。

(1)国外学者的研究

20 世纪 80 年代以来，美国、日本等发达国家的学者对居民消费方式与能源消费的关系进行了研究，发现居民消费方式的改变比提高建筑物、空调系统、汽车等设备的能源效率对能源消费有着更为显著的影响。Lenzen(1998)、Weber(2000)分别建立了环境评估模型，定量分析了澳大利亚、德国、法国、荷兰等国的消费行为与生活方式对能源消费和温室气体排放量的影响。Schipper 等(1989)认为，消费者的行为，例如私家车、家庭、服务等，能够影响全部能源消费的 45%～55%。Kim(2002)研究了 1985—1995 年韩国居民消费模式的变化对二氧化碳与二氧化硫排放的影响，研究结果显示，居民生活的直接能源消费及对高碳排放消费品的需求是影响能源消费和温室气体排放的主要因素。Bin 等(2005)运用 CLA(Consumer Lifestyle Approach)分析框架，研究了美国家庭消费与碳排放的关系，结果表明，美国 41%的二氧化碳排放与居民家庭的直接消费行为有关。Rees(1995)、Daly(1996)、Duchin(1998)认为，多数环境破坏与消费者的直接行为和间接行为有关，反过来，环境因素也会影响消费者的消费心理和消费行为。Goldblatt(2005)认为，从 20 世纪 90 年代到 21 世纪初这段时期，消费者已经开始关注全球气候变暖给人类带来的影响，但他们并没有改变日常生活中的高碳消费行为去应对气候变化。Dwyer 等(1993)则认为，消费者对环境的信念和态度对能源消费的影响并不明显，而经济上的节约和能够观察到的能源利用方式对消费者更具激励作用。

(2)国内学者的研究

魏一鸣等(2007)采用 CLA 模型，实证分析了 1999—2002 年中国能源消费、二氧化碳排放与消费者生产方式之间的关系，研究结果显示，约 26%的能源消费和 30%的二氧化碳排放与居民生活方式有关。刘莉娜等(2012)运用投入产出分析和消费支出分析两种方法分析了 1995—2010 年中国大多数省份(自治区、直辖市)居民家庭生活消费对碳排放的影响。结果表明，在时间上，碳排放随着人均家庭生活消费的增加而上升；在空间上，中国人均家庭生活消费所产生的碳排放存在明显的区域性差异，从东部沿海到西部内陆逐渐递减。

1.3.2.5　综合因素

一些学者认为，低碳经济受多重因素的影响。金乐琴等(2009)认为，中国向低碳经济转型面临着发展阶段、发展方式、资源禀赋、贸易结构、锁定效应等一系列因素的挑战。范钰婷等(2010)认为，中国发展低碳经济面临着工业化和城镇化的特定发展阶段、“富煤、少气、缺油”的能源结构、不合理的贸易结构、落后的技术水平等方面的巨大挑战。李齐云等(2009)认为，低碳经济发展水平是由一个国家的技术水平、发展阶段、能源结构、经济结构、人口结构等多种因素共同决定的。金涌等(2008)从产业结构与能源结构调整、科技创新、转变消费方式等方面对低碳经济理念和低碳实践进行了研究，尤其是从技术可行性的角度对碳捕捉、碳封存、新产品研发进行了分析，为低碳经济的实施提供了现实基础。

1.3.3　低碳经济与经济发展方式的转变

1.3.3.1　经济发展方式的转变对经济增长的影响

Krugman(1994)指出，东亚一些国家和地区单纯依靠资本和劳动投入实现经济增长，而全要素生产率并没有提高。“亚洲四小龙”所创造的东亚奇迹与这一时期的劳动力具有无限供给的特点有关。Bhagwati(1996)指出，当亚洲新兴经济体的二元经济特征消失后，它们开始摆脱单一的经济增长方式，向资源节约型经济发展方式转变，主要依靠全要素生产率的提高来保持经济的持续增长。

蔡昉(2008)认为，中国在劳动力数量、质量和价格方面都具有明显的优势，由此形成了高储蓄率和高资本积累率，投资成为拉动中国经济增长的主要动力，并且足以维持中国经济的高速增长。然而，一旦人口结构、劳动力供求关系和劳动力成本发生变化，根据刘易斯转折点理论，传统经济增长方式将失去原有的优势，由粗放型经济增长方式向集约型经济增长方式转变成为必然选择。

1.3.3.2　低碳经济与经济发展方式转变的关系

(1)理论研究方面

马艳等(2011)运用马克思的资本有机构成理论，分析了经济发展方式转变与低碳经济发展的关系，认为两者是有机统一、相互影响、相互促进的。经济发展方式转变要求经济增长方式转变和产业结构调整，从而推动低碳经济发展；发展低碳经济必须对当前不合理的生产方式和消费方式进行变革，从而为经济发展方式转变创造良好的外部环境。张卓元(2007)认为，节能减排逐渐从软任务成为中国经济增长的硬约束，适当放缓经济增速是节能减排的重要条件，要以节能减排为着力点推动经济增长方式转变，提高经济增长的质量和效益，促进经济社会的可持续发展。伍华佳(2011)认为，发展低碳经济的关键在于转变经济发展方式，减少经济发展对化石能源的依赖，降低工业化、城镇化进程中的煤炭、石油、天然气等高碳能源消耗，走低碳经济发展道路，实现经济增长与节能减排的双赢目标。

(2)实证研究方面

蔡昉等(2008)通过拟合环境库兹涅茨曲线，预测碳排放水平从提高到下降的转折点，考察了中国经济内在的节能减排要求。中国现行的经济发展方式导致了严重的生态和环境问题，而这种经济发展方式又是特定发展阶段的产物。面对日益增加的环境压力，中国不能被动等待库兹涅茨转折点的到来，需要依靠中央政府、地方政府和企业三方面的团结协作，共同推动经济增长方式转变，实现中国经济的可持续增长。张友国(2010)利用投入产出模型的结构分解法实证分析了经济发展方式变化对中国GDP碳排放强度的影响，分析结果表明，1987—2007年，经济发展方式的变化使中国GDP碳排放强度下降了66.02%，其中，生产部门能源强度的降低是导致碳排放强度下降的主要因素。然而，经济发展方式中也有不利于降低碳排放强度的因素，其中最主要的因素是中间投入结构的变化，其次是出口迅速扩张带来的需求分配结构的变化。

1.3.3.3 国际金融危机对经济发展方式转变的影响

林伯强(2010)认为，在国际金融危机和全球经济增长放缓的背景下，从低碳经济入手推动新能源产业的发展，是刺激经济复苏和实现经济增长方式转变的一个重要手段。刘福寿(2010)认为，当今世界经济发展方式的不均衡是导致国际金融危机的更宏观、更深层次的原因。国际金融危机打破了世界经济发展方式的脆弱均衡，对中国经济发展方式的转变既是挑战也是机遇。在挑战方面，金融危机严重冲击了中国投资拉动型、出口导向型的经济发展方式；在机遇方面，金融危机也为中国经济发展方式转型提供了有利机遇。现阶段中国应该将低碳经济作为未来经济的增长点，通过技术创新、制度创新、组织创新、产品创新等多种手段，提升中国在全球产业链中的地位。

1.3.4 低碳经济发展的路径选择

1.3.4.1 结构调整

Mar等(1981)利用随机动态控制模型模拟了经济发展过程中能源与经济的相互制约机制，并提出了产业结构调整的设想。张雷等(2010)认为，加快产业结构演进和改善一次能源供应结构是中国低碳经济发展的基本路径。林伯强等(2010)从经济、能源、政策和气候等方面分析了能源战略，尤其强调要根据能源的消费情况进行相关产业结构的战略性调整。贾立江等(2013)认为，在低碳经济背景下，发展第三产业符合国家经济发展的需要，降低第二产业比重、增加第三产业比重是发展低碳经济最为有效的方式之一。胡春力(2011)针对制约中国低碳经济发展的产业结构低度化问题，提出产业结构升级是推进中国低碳发展的根本途径。伍华佳(2010)则针对中国高碳产业低碳化转型的制约因素，从产业政策的角度提出了中国高碳产业低碳化转型的路径：一是构建产业结构政策，通过确定产业的构成比例、相互关系和产业发展序列，实现产业结构的合理化和高级化；二是构建产业组织政策，一方面政府对企业实施严格的能耗管制政策，另一方面通过建立碳排放交易的市场机制，用市场化的方法规范企业行为；三是构建产业技术政策，利用财政、税收、金融、产权保护等工具，引导企业进行技术创新。于刃刚(2011)指出，中国正处于工业化中期阶段，有70%的碳排放来自生产领域，政府通过制定有效的政策调整产业结构，实现生产领域的低碳化是减少碳排放的重要选择。

1.3.4.2 技术创新

冯之浚等(2009)认为，科技进步对全球经济发展具有不可估量的作用，国际金融危机的爆发和后都市化时代的到来，使低碳技术成为全球经济发展的重要推动力量，将引领全球低碳经济潮流。推动中国低碳经济发展，要着眼于几个创新：生态环境观念创新、产业结构和能源结构创新、科学技术创新、居民消费方式创新、政府和企业的管理创新。刘凤朝等(2008)认为，技术创新在提高生产率、转变经济发展方式、优化能源结构和构建低碳消费方式等方面的作用无可替代。通过改造传统技术、引进国外先进技术、创新自主技术等方式提高能源生产效率和消费效率，还可以通过开发可再生能源和新能源方式，减少传统化石能源消耗。此外，对于能源消费，要发挥技术创新与产业结构调整的协同作用。王文军等(2011)针对中国低碳技术创新存在的问题，提出了促进中国低碳技术发展的四项建议：一是提供政策支持，为低碳技术创新提供更大的空间；二是加强配套技术和共生技术的发展，提高低碳技术的系统性；三是为低碳技术创新设计科学合理的发展路径，降低研发成本；四是根据国内外低碳技术的发展现状，选择合适的切入点。石敏俊等(2010)认为，发展低碳技术、提高能源效率和改善能源结构，对节能减排具有重要作用；国际技术合作为低碳经济发展开辟了绿色通道，为新能源与环保产业开发搭建了沟通和交流的平台。张成等(2011)认为，发展低碳经济，政府必须制定合理的环境规制政策，通过加大政府对环境保护的投入力度，提高环境规制强度，不仅可以提升企业的治污技术，还能实现生产技术的进步。

1.3.4.3 能源替代

(1)可再生能源与化石能源的替代

第一，国外学者较早关注了能源替代问题。Goeller(1976)基于无限资源的假设基础，对过去150年中主要金属资源(铁、铜等)和稀有金属资源的相互替代进行了分析，并指出未来这些资源的相互替代特点，但对于煤炭、石油、天然气等能源的相互替代，Goeller的结论不再适用。Clark等(1979)指出，在一定时期内，可以通过可再生资源的最优利用解决环境问题，并在动态数学模型基础上建立了资源保护理论，深化了与动态最优问题的联系，其研究为可再生资源管理奠定了理论基础。Tahvonen等(2001)对不同历史阶段的能源使用路径进行了分析，发现能源的使用经历了一个动态演化过程，即可再生能源→不可再生能源→可再生能源。Grimaud等(2003)研究了能源系统对经济增长的影响，不仅探讨了煤炭、石油、天然气等不可再生能源，还考察了太阳能、水能、生物质能等可再生能源。Giuseppe(2006)考察了可再生能源与不可再生能源的替代，研究技术进步对可再生能源生产成本的影响，结果表明，如果在技术上可再生能源与不可再生能源不能实现完全替代，那么就不可能实现最优经济增长；如果能够消除不同能源之间的技术壁垒，增加可再生能源的替代比例，提高能源利用效率，将会降低经济体对资源的依赖程度，对经济增长产生积极影响。

第二，国内对能源替代的研究起步较晚。王海建(2000)通过内生经济增长数学模型，分析了能源资源约束与环境污染的内在联系，指出在化石能源的使用和经济持续发展中寻找最优稳定解。冯之俊(2004)认为，可再生能源替代化石能源是经济发展的必然趋势，能源产业将从现行的生产—污染—治理模式向资源—生产—再生资源模式转变。由于受到技术水平、研发成本的限制和市场价格的影响，可再生能源完全替代化石能源不是一朝一夕就能实现的，将经历一个长期而艰苦的过程。于渤等(2006)针对能源耗竭、污染治理问题提出了经济持续增长模型，指出开发化石能源的替代产品是实现经济持续稳定增长的必然选择。后勇等(2008)运用动态数学模型论证了可再生能源在经济系统中的作用，认为可再生能源替代化石能源是解决气候变化、环境问题以及缓解能源供求矛盾，实现经济可持续发展的重要途径。

(2)资本、劳动力与能源的替代

鲁成军等(2008)采用超成本函数和不变替代弹性，对中国工业部门能源与资本、劳动力之间的绝对替代弹性和净替代弹性(相对替代率)进行了估算，结果证明，劳动力与能源之间存在明显的替代关系，而资本与能源之间的替代关系则不确定。黄光晓等(2011)基于元分析的视角，采用超对数生产函数模型估算了Morshima替代弹性和交叉价格弹性，结果发现，由于不同研究者对规模报酬、技术中等模型假设前提的设定差异，造成了研究结果的异质性。他们对这些影响模型估算结果的因素进行控制后，又重新估算了中国工业部门的资本能源替代弹性，结果表明，资本与能源之间存在替代关系，即在长期内，可以通过增加工业部门的资本要素投入而减少能源消耗。邵光黎等(2008)采用分行业面板数据分析法，实证分析了中国制造业的能源外部替代。结果显示，劳动与能源存在明显的替代关系，用劳动替代能源的空间较大。在能源价格上涨和能源供求失衡的国际背景下，制造业的能源替代成为中国维护“世界工厂”地位的必然选择。

1.3.4.4 低碳消费方式

仅仅依靠生产方面的产业结构和能源消费结构调整以及技术进步是不够的，必须依托生活方面的低碳消费才能实现真正的低碳经济。赵敏(2011)认为，树立低碳消费观念、完善低碳消费市场机制、优化低碳消费结构是实现低碳消费的有效途径。冯登艳(2012)认为，构建低碳消费方式是发展低碳经济的重要手段，而构建低碳消费方式需要政府、社会舆论、教育界和制度等方面的积极引导。吴文盛等(2011)认为，低碳消费是低碳经济的重要组成部分和实现低碳经济的重要环节，而低碳消费的实现需要市场自发调节、政府宏观调控、行业协会自律、企业低碳生产和低碳消费文化引导等五大机制的共同协作。

1.3.4.5 多角度、多层面共同推进

第一，有的学者从政策、金融、产业以及产业价值链等角度有针对性地提出了促进低碳经济发展的路径。任力(2009)认为，发展低碳经济应充分发挥政府的主导作用，并在低碳法律体系建设、金融政策及低碳制度创新等方面提供支持。陈柳钦(2013)认为，低碳经济的发展离不开金融的大力支持，发展“绿色金融”“碳金融”是促进低碳发展的必经之路。李金辉等(2011)认为，发展低碳产业是实现中国低碳经济发展的重要路径，而低碳技术创新和产品的产业化是发展低碳经济的关键。李士梅等(2011)从产业价值链的视角提出了中国低碳经济发展模式的路径选择，认为中国低碳经济发展要以公共政策为支撑，以高能耗、具有明显示范效应的国有大型企业为突破口，将低碳经济理念贯穿于整个产业价值链，发挥价值链的整体性效应、规模效应、集群效应和链式效应，达到产业价

值链优化升级与低碳经济发展相辅相成、相互促进的效果。

第二，更多的学者从综合的角度提出了推进低碳经济发展的路径。朴英爱(2010)认为，调整和优化产业结构是发展低碳经济的基础，提高能源效率和调整能源结构是发展低碳经济的核心，技术进步和创新是发展低碳经济的决定性力量，产权制度创新是发展低碳经济的制度保障。潘家华(2009)则认为，发展低碳经济必须调整产业结构和能源结构，由于二者均受到客观因素的制约，不能盲目调整，而应将调整的重点放在提高能源效率、开发利用可再生能源以及引导低碳消费行为等方面。此外，还要深入研究碳捕获、碳封存技术，虽然在操作上存在一定的困难，但作为一种战略性投资，这是一种兼顾眼前利益与长远利益的技术选择。鲍健强等(2008)从五个方面分析了推进低碳经济发展的路径：一是发展低碳产业，通过调整产业结构，发展知识密集型和技术密集型产业，提高发达国家高碳产业准入的市场门槛；二是发展低碳农业，减少化石能源的使用，走有机、生态、高效的农业之路；三是发展低碳工业，构建低碳产业体系，发展节能工业，通过低碳生产和低碳管理提高能源利用效率，减少碳排放；四是建设低碳城市，低碳建筑是低碳城市建设的重要内容，发展低碳建筑需要在设计上引入低碳理念，在运行上倡导低碳居住空间；五是碳汇减碳，通过植树造林、生物固碳等，扩大碳汇空间。龚建文(2009)认为，推动低碳经济发展应分别从节能减排、提高能源效率、调整消费结构和政府政策等方面入手，其中，重点阐述了政策、法律支持对于发展低碳经济的促进作用。李旸(2010)认为，中国发展低碳经济的路径包括六个方面：一是优化能源结构，提高能源效率；二是建设低碳城市，推广节能减排；三是推进科技进步和低碳创新；四是优化产业结构，推进清洁生产；五是开发碳汇潜力，推进生物固碳；六是推进低碳制度创新，加强法律体系建设。

1.4 研究方法与结构安排

1.4.1 研究方法

本研究试图运用以下方法来探索全球低碳经济发展的基本趋势、中国低碳经济发展的制约因素、中国向低碳经济转型的路径选择以及促进中国低碳经济发展的政策建议。一是理论分析与经验分析相结合。一方面，对低碳经济的相关文献进行系统的梳理，为研究全球低碳经济发展及中国低碳经济的路径选择提供了系统的理论支持；另一方面，对中国低碳经济发展的制约因素进行经验研究，进而揭示中国发展低碳经济形势的严峻性与任务的艰巨性。二是比较分析法。通过横向比较主要国家发展低碳经济的成功经验，通过纵向比较中国与发达国家在发展低碳经济方面存在的问题和不足，可以为中国的低碳经济转型提供有益的启示。三是总结归纳法。科学的研究方法不是对全部研究对象进行考察，而是对有限对象考察后进行科学的抽象，归纳其一般性的规律。本研究主要通过对中国低碳经济发展现状和制约因素的考察，有针对性地提出中国向低碳经济转型的具体路径。四是借鉴法。由于不同国家发展低碳经济拥有不同的初始条件，因此也就出现不同的模式、路径和对策。本研究选取英国、美国、日本和俄罗斯作为研究对象，分别对这些国家的低碳经济发展现状和趋势进行全面考察，它们在低碳经济发展方面的成功经验可以为中国提供有益的借鉴。

1.4.2　结构安排

本书首先对低碳经济的中外文献和较有影响的低碳经济理论进行了比较系统的介绍；然后选取有代表性的国家，对这些国家的低碳经济发展状况及趋势进行了分析，并对低碳经济对全球经济发展的影响进行论述；再对中国低碳经济发展现状及制约因素进行全面考察，认为中国低碳经济发展受到外部因素、内部因素和"偏向性"因素的三重约束，提出了中国向低碳经济转型的具体路径，一方面构建中国低碳发展、节能减排、低碳技术、可持续发展的理论框架，另一方面提出向低碳经济转型的具体措施；在借鉴发达国家低碳经济成功经验的基础上，提出推进中国低碳经济发展的政策抉择；最后是结论。基于上述思路，本书的结构安排如下：

第一章为绪论，包含了选题背景、研究意义、国内外研究现状、研究方法与结构安排等内容。其中，国内外研究现状部分，对低碳经济的内涵、低碳经济的影响因素、低碳经济与经济发展方式的转变以及低碳经济发展的路径选择等理论做了系统的梳理。

第二章是与低碳经济相关的理论。低碳经济至今没有约定俗成的定义，因而本书从概念上界定了低碳经济的含义，从不同的角度阐述了低碳经济的内涵。同时，从发展理念、自然规律、发展阶段、影响方式、发展途径、发展路径等层面对低碳经济的相关理论进行了系统的梳理，为研究全球低碳经济发展及我国低碳经济的路径选择提供了系统的理论支持。

第三章主要论述全球低碳经济发展状况、基本趋势及对全球经济发展的影响。本书选取英国、美国、日本和俄罗斯为研究对象，对这些国家的低碳经济发展状况及趋势进行了分析。这些国家发展低碳经济的成功经验，可以为我国的低碳经济转型提供有益的参考。低碳经济作为一种新兴的经济发展模式，将对全球经济发展产生重要而深远的影响：一是低碳经济将推动全球产业结构和能源结构调整；二是低碳经济将促进全球经济发展方式转变；三是低碳经济发展将构筑全球竞争新格局，主要体现在对国际贸易格局和国际经济格局的影响上；四是碳交易作为低碳经济发展的产物，将主导未来世界经济的发展，在引领经济增长方式转变和节能减排中具有不可替代的作用；五是低碳经济使发展中国家面临更大挑战，一方面，发展中国家的减排压力远远大于发达国家，另一方面，绿色贸易壁垒的出现将对发展中国家的出口贸易构成威胁。

第四章研究了中国低碳经济发展现状及制约因素。首先论述中国能源消耗与二氧化碳排放现状，然后对中国发展低碳经济的制约因素进行了系统分析。研究认为，中国作为能源消耗和碳排放大国，要发展低碳经济必然受到外部因素、内部因素和"偏向性"因素的制约，中国必须认清当前面临的严峻形势，把发展低碳经济作为一项重大而长远的战略任务。

第五章分析了中国向低碳经济转型的路径选择。向低碳经济转型是中国经济可持续发展的必然选择，向低碳经济转型的关键是构建低碳经济发展的理论框架。具体来说，低碳经济发展模式是以低碳经济理论为指导，以低能耗、低污染、低排放为基础，以低碳发展为努力方向，以节能减排发展方式为重点，以低碳技术为发展方法和手段，以可持续发展为目的的绿色、循环发展模式。本章提出了向低碳经济转型的具体措施，包括调整产业结构、推动技术进步、加强能源体系管理、能源替代、进行技术创新以及建立低碳消费方式等。

第六章主要根据中国低碳经济的发展现状及面临的问题，在借鉴发达国家发展低碳经济的成功经验的基础上，提出推进中国低碳经济发展的政策建议。

第七章为本书的结论与展望。总结了前面的研究结论，指出研究的不足之处，并指出未来进一步研究的方向。

第 2 章　相关理论综述

2.1　低碳经济的定义

低碳经济是人类在面临全球气候变暖、环境恶化和能源短缺的残酷现实背景下提出的经济理论，它开辟了一条人类社会经济可持续发展的新路径。随着人类认识的逐步深化和实践的深入，低碳经济的内涵也不断丰富和扩展，但低碳经济至今还没有约定俗成的定义。目前，国际上将低碳经济定义为“以可持续发展理念为指导，通过技术创新、制度创新、产业转型、新能源与可再生能源开发等多种手段，尽量减少煤炭、石油、天然气等高碳能源消耗，减少温室气体排放，遏制全球气候变暖，实现经济社会发展与生态环境保护‘双赢’的一种经济发展形态”。从低碳经济的定义可以看出，低碳经济的实质是提高能源效率，特征是低消耗、低排放、低污染、高附加值，核心是技术创新和制度创新，实现途径是产业结构调整、生产方式和消费方式转变，目的是实现人类社会的可持续发展。低碳经济是一个新兴的概念，它是对传统经济发展模式的扬弃，是顺应时代发展潮流的一种全新的经济发展模式。发展低碳经济是减少二氧化碳排放，延缓全球气候变暖，保护人类共同家园的一种有效途径。低碳经济作为一种前沿的经济理念，它包含了以下几个方面的内容：

第一，从碳循环的角度认识，低碳经济是一种由高碳能源向低碳能源过渡的经济发展模式。工业革命以前，大气中二氧化碳的含量是相对稳定的。当人类进入以机器大工业为主导的工业文明时代，煤炭、石油、天然气等矿物燃料为产业发展提供了动力来源，大大推动了工业化和城镇化进程，高碳经济成为工业文明时代的主要特征。但是，矿物燃料燃烧后产生大量二氧化碳等温室气体进入大气后使地球升温，导致碳循环失衡，改变了地球生物圈的能量转换形式。高碳经济下的经济发展模式，是通过资源的超常投入、能源的过度消耗来获得更高的产出和收益，其最终目标是产出的增长、人民生活水平的提高和物质财富的增加。高碳经济以能源的高消耗、污染物的高排放、环境的高污染为特征，其结果必然是资源短缺与枯竭、环境污染严重、生态状况持续恶化，因此高碳经济在很大程度上是一种不经济、不科学、不环保、不可持续的经济发展模式。而低碳经济是一个与高碳经济相对应的概念，低碳经济是指在经济活动中，尽可能减少含碳能源消耗，构建清洁型能源体系，在保证经济持续、快速、健康发展的同时，最大限度地减少以二氧化碳为主的温室气体排放。由表 2-1 可以看出,低碳经济是一种完全不同于高碳经济的发展模式。

表 2-1　高碳经济与低碳经济的比较

项　目	高碳经济	低碳经济
主要特征	高能耗、高污染、高排放	低能耗、低污染、低排放
基本内涵	注重经济增长数量	注重经济增长质量
增长速度	不计成本和代价的高速增长	放慢经济增速,追求经济的可持续增长
能源类型	煤炭、石油、天然气等化石能源	新能源、可再生能源
形象称呼	褐色经济	绿色经济
消费模式	盲目、奢侈、浪费	环保、节约、可持续
对应文明	工业文明	生态文明

低碳不是一个绝对的指标,不存在一个定量的数值表明总体的碳排放低于多少就是低碳经济,否则,就会陷入一个误区。例如,中国的碳排放总量很高,人均碳排放量为 6.6 吨,与美国 17.2 吨的人均碳排放相比相差甚远;美国的生活质量、收入水平与欧盟国家基本相同,欧盟的人均碳排放量为 7.3 吨,但美国的人均碳排放比欧盟要高出一倍多。如果规定单位 GDP 碳排放或人均碳排放必须低于某个值才是低碳,显然是不合理的。传统的高碳经济发展模式向低碳经济发展模式转变,不是人类在短期内对经济活动、生产方式和生活方式的略微调整,而是人类为了适应自然界环境发展变化趋势所进行的一项长期的战略选择。因此,发展低碳经济的关键在于降低单位能源消费的碳排放量(即碳排放强度),通过碳捕捉、碳封存以及碳中和等方式降低能源消费强度,控制温室气体排放量的增长速度,降低经济发展对生态系统碳循环的影响,实现高碳经济发展模式向低碳经济发展模式的转变。

第二,从能源利用的角度认识,低碳经济是由化石能源逐步向可再生能源的替代性演变。化石能源即煤炭、石油、天然气等不可再生的一次能源,是目前世界各国使用的主要能源,在人类文明进步和社会经济发展中扮演着不可或缺的重要角色。但自 1850 年第一次工业革命完成以后,以化石能源体系为支撑的工业化生产活动对人类赖以生存的生态环境系统造成了长久的灾难性的影响。随着全球人口的急剧增加和工业经济的迅速发展,高碳能源的大量使用、森林面积锐减、土地利用方式的变化等,是导致全球温室气体浓度大幅增加、温室效应增强,进而引起全球气候变暖的主要原因。因此,发展低碳经济的关键在于协调能源消费、经济增长方式以及二氧化碳排放三者之间的关系,通过减少化石能源消耗,转变经济增长方式,开展新能源与可再生能源对化石能源的逐步替代,控制经济体的碳排放弹性,彻底改变以化石能源为主导的能源消费结构,最终实现经济增长与高排放、高污染的“脱钩”。

第三,从产业升级的角度认识,低碳经济是以低碳技术和低碳产业为支撑,通过增加科技研发投入,开发新能源和可再生能源技术,提高能源利用效率,调整和优化产业结构,大力发展绿色经济和循环经济,重构国民经济可持续发展的微观基础。从当前大多数发展中国家的低碳经济发展情况来看，制约其低碳经济发展的主要障碍是产业结构低度化，主要表现为：在三种产业结构中，第二产业比重过高，第三产业比重过低；在工业内部，能源、原材料工业比重过高；第三产业成为资源密集度较高、技术含量和附加值较低的产业。因此，发展低碳经济的关键是调整和优化产业结构，一方面，通过产业结构优化升级突破“路径依赖”和“锁定效应”，另一方面，通过产业结构优化升级，增强产业结构的聚合效应，强化产业间和产业内各部门之间的合理关联和组合，实现产业结构优化升级与经济增长的良性循环。

第四，从技术进步的角度认识，低碳经济的实质是提高能源效率和发展清洁能源问题，核心是通过经济发展过程中的技术创新、制度创新、组织创新、经济发展方式的转变等，降低对化石燃料的依赖，减少温室气体排放量，减缓全球气候变化。低碳经济以市场经济为基础，通过建立低碳法律制度框架和配套政策，形成明确、稳定、长期的政策引导和环境约束机制，激励节能技术创新和节能减排技术的应用。因此，发展低碳经济的关键是加大政府对低碳技术的研发投入和创新力度，充分发挥技术进步的驱动效应，尤其要充分发挥技术进步在提高能源效率、改善能源结构等方面的作用，从而实现生产和生活上二氧化碳的低排放甚至零排放。

第五，从制度创新的角度认识，低碳经济是通过做出有效的制度安排，突破低碳经济发展的制度性障碍，从高碳模式向低碳模式转变。发展低碳经济存在一定的制度缺陷：一是对原有制度的路径依赖。现代工业文明是建立在化石能源的大量开采和使用的基础上，一个国家或地区一旦形成以化石能源体系为支撑的产业结构和布局，就会沿着既定的方向使这种体系不断得到强化，因此高碳锁定效应严重影响了低碳经济发展。二是环境资源产权制度不明确。高效的市场运行机制不仅可以优化资源配置，还能有效激发经济主体的活力和积极性。在资源环境领域，由于产权模糊不确定，导致环境污染、生态破坏、气候变化等现象日益加剧。三是环境管理制度不完善。环境污染的负外部性不仅使资源配置偏离帕累托最优状态，而且导致大量资源浪费和环境污染。因此，发展低碳经济的关键是改革旧的制度安排，引入外生力量打破路径依赖和高碳锁定，建立环境税收制度和碳交易市场机制，通过合理的制度安排和政策设计，提高低碳发展的政策有效性。

第六，从消费模式的角度认识，低碳经济是相对于人为碳通量而言的。人类不合理地开发和利用自然资源，其干预程度超过了生态系统的阈值范围。生态系统本身具有自我调节功能，但其自我调节能力是有限的，如果超过了上限，生态环境自身不能净化掉那些不良干扰恢复到初始的稳定状态，就会使生态平衡遭到破坏。长此恶性循环，将会给生态系统带来灾难性的后果。为了避免人为碳通量增加而引发地球生态圈失衡，人类必须进行“碳约束”。因此，发展低碳经济的关键在于，在碳排放约束下，人类如何确定合适的发展速度和发展规模、选择怎样的发展路径，使人类生产活动最终能达到碳中和。如果低碳不会阻碍经济发展，那么减少碳排放量就不是简单地减少能源消费量，也不是强制性地关闭一部分高能耗、高污染、高排放企业，而是围绕人类的整个经济活动，对能源生产和消费做出更有效率的选择，改变人们的高碳消费倾向和高碳偏好，减少人类碳足迹，培养人们的节能环保意识和低碳消费理念，营造一个绿色舒适的生活空间和居住环境，实现人类与自然的和谐共生与发展。

第七，从社会福利的角度认识，低碳经济是将开采成本纳入资源消耗模型，以较少的能源消耗和环境污染，减少温室气体排放来获得最大产出，达到经济发展的帕累托最优状态，实现社会福利的最大化目标。低碳经济与中国当前大力提倡的践行科学发展观、构建社会主义和谐社会的战略目标在本质上是一致的。低碳经济的出发点就是应对气候变化、节能减排、保护环境、合理利用资源、增进社会福利，这实际上是一种寻求人与自然、人与社会以及人与人之间和谐发展的途径。然而发展低碳经济要对当前的社会经济利益格局进行调整，这必然会带来一系列的矛盾和问题。例如，实行节能减排必然会增加企业的生产投入成本，同时还要淘汰一部分落后的生产设施和设备，可能会给企业带来一定的资金压力，对其生产经营活动造成一定的冲击；政府为了治理环境污染，必然要停产、关闭或取缔一部分高能耗、高污染的中小企业，这可能会触及一部分地方政府的利益。因此，发展低碳经济的关键是协调好政府、社会、经济主体之间的关系，均衡各主体之间的利益，避免和化解因政府长远的低碳经济目标与社会个体的短期利益目标不一致而带来的各种社会问题。

由以上分析可知，从不同的角度分析低碳经济，对其理解会不同。低碳经济的内涵表明，发展低碳经济不是目的，也不是一个简单的技术问题或经济问题，而是一种手段、一种途径、一种发展模式，其重点是通过发展低碳经济提高碳生产力，实现人文发展与社会进步。从表面上看，低碳经济是降低能源消耗和减少温室气体排放，但本质上是经济发展方式、能源消费方式、人类生产方式和生活方式的一次全新的变革，它推动人类社会从农业文明到工业文明再向生态文明的转变。

在漫长的农业社会，生产力发展水平整体低下，人类经济活动的强度较小，对能源的利用只限于风力、水力、畜力、木材等天然能源，尤其是木材，在一次能源消费结构中长期占主导地位。人类经济活动造成的生态破坏可以通过大自然自身的生态平衡系统解决，经济发展与经济活动产生的负效应是协调的。可以说，农业社会的实质是一种基于碳水化合物利用之上的低碳经济。到了工业社会，机器大工业生产的推广推动了生产力的飞速发展，在化石能源体系的支撑下，高能耗工业成为工业化的主要推动力，人类经济发展方式发生了翻天覆地的变化。但人类经济活动的外部干扰破坏了生态系统的自我调节功能，由此产生的环境问题逐渐迫近生态系统的阈值，成为经济发展的硬约束。煤炭、石油、天然气等化石能源的大量开采和使用带来了一系列环境问题，例如废气污染、光化学烟雾、酸雨、大气中二氧化碳浓度升高导致温室效应等，已经严重威胁到人类的生存和发展。因此，工业社会的实质是建立在碳氢化合物使用基础之上的高碳经济。只有到了经济发展的高级阶段，即后工业化社会，产业结构和能源消费结构不断优化，高碳能源消费不断减少，可再生能源和新能源比例不断增加。在后工业化社会，将实现经济增长与温室气体排放的“脱钩”，人类步入真正的低碳社会。因此，后工业化社会的实质是建立在能源的高效清洁利用基础之上的低碳经济。人类发展过程中不同经济阶段的能源消费状况见表 2－2。

归根结底，低碳经济是一个发展问题，贫穷落后与限制发展不是低碳经济，真正的低碳经济建立在高度发达的物质文明的基础上。低碳经济是通过提高能源利用效率，不断减少碳排放，最终实现人类物质文明、政治文明、精神文明和生态文明协调发展的可持续型经济形态。

表 2-2　人类发展过程中不同经济阶段的能源消费状况

时　期	时间段	能源消费类型	发展模式
原始经济时代	人类诞生—公元前 4000 年	植物燃料	低碳经济
农业经济时代	公元前 4000 年—1763 年	植物燃料、生物力、自然力	低碳经济
工业经济时代	1763—1970 年	化石能源、机械力、电力、自然力等	高碳经济
知识经济时代	1970—2000 年	化石能源、太阳能、生物质能、机械力、电力等	高碳经济向低碳经济转型
后工业化时代	2000 年至今	化石能源、核能、氢能、太阳能、生物质能、电力等	低碳经济

2.2　低碳经济相关的理论基础

低碳经济理论提出的时间并不长，但其一经产生和应用，就显示出旺盛的生命力。低碳经济作为一门复杂的综合的交叉学科，它涉及经济学、环境学、生态学等多门学科。随着全球气候变暖趋势越来越严重，围绕低碳经济理论和实践的研究成为各国学者研究的焦点。以下理论构成了低碳经济的理论基础。

2.2.1　可持续发展理论

可持续发展理论是研究低碳经济不可或缺的一个重要的经济学理论基础。可持续发展概念出现得较晚，是人类在面临人口、资源和环境问题的严峻形势下产生的。它最早出现于国际自然保护同盟起草并于 1980 年 3 月 5 日在世界大多数国家同时公布的《世界自然保护大纲》(World Conservation Strategy)中。该文件在定义可持续发展时指出，人类在追求经济增长的过程中，必须考虑社会和生态因素以及经济因素，考虑生物及非生物资源基础。1987 年，世界环境与发展委员会(WECD)在《我们共同的未来》报告中提出，人类需要走一条资源环境保护与经济社会发展兼顾的道路，即可持续发展道路，并得到了国际社会的广泛共识。可持续发展以人口、资源、环境、经济等方面的协调与可持续发展为目标，以管理、法制、科技、教育等方面的能力建设为战略支撑，不断提高资源利用效率，改善生态环境，增强经济的可持续发展能力。

2.2.1.1　环境经济理论

20 世纪 50 至 60 年代，自然科学取得了突飞猛进的发展，生产规模急剧扩大，人口迅猛增长，人类对自然资源的开采和掠夺大大超过了自然界的承受能力，排入环境中的废弃物数量远远超过了环境容量，出现了全球性的能源危机、生态危机和环境危机。经济学家和生态学者们开始探寻保护环境和治理污染的对策，他们在经济学理论和实践研究中引入了环境学和生态学内容，逐渐形成了环境经济学。环境经济学主要分析环境项目的经济成本效益以及政策评估，探讨传统经济增长模型的绝对资源极限的实际含义，寻求资源退化的原因与对策，确定生态系统服务的价值和应对等一系列全球性环境问题。

一般来说，环境经济学有广义和狭义之分。狭义的环境经济学主要研究如何运用经济杠杆来解决环境污染问题；广义的环境经济学则包含了生态经济学和资源经济学的内容，环境问题的本质是发展问题，环境污染、生态破坏、资源枯竭等问题是在发展过程中出现的，因此必须通过发展来解决。环境经济学是在掌握环境变化及物质循环规律的基础上，合理利用资源，保护生态环境，实现人与自然、人与社会、人与人的和谐发展。

环境经济学丰富和拓展了环境科学的内容和范围：一方面，在对环境问题的认识上，增加了经济分析这一重要视角，不仅深化了对环境学的经济性认识，而且为人类解决环境问题提供了现实和客观的理论指导。另一方面，在解决环境污染问题时，增加了福利经济分析这一重要工具。由于产权制度不完备，在具有非排他性、非竞争性等公共物品的使用上容易出现“搭便车”现象，而对于空气、河流、森林和草地等环境资源的过度使用则会导致“公地悲剧”。由于私人边际成本与社会边际成本的不一致，人们在资源使用过程中往往只关注眼前利益，片面追求经济增长，甚至不惜以破坏环境为代价来追求经济效益。为了阻断环境资源无偿使用的路径和通道，必须将污染成本纳入生产成本中，从而有效消除环境问题的负外部性，这是环境经济学需要研究和解决的问题。

2.2.1.2　生态承载力理论

承载力一词最早来源于生态学领域，是指在一定的资源环境条件下，生物个体对环境的最大适应能力。20 世纪 70 年代以后，随着人口、资源与环境问题的日渐凸显，人们对承载力的运用逐渐扩展到人口、资源、环境、社会等多个领域，于是便产生了人口承载力、资源承载力、环境承载力、土地承载力等概念。1986 年，学者 Catton 提出了环境承载力的概念。生态承载力是环境承载力概念的引申，生态承载力是指在一定的时期、地域和空间内，在确保资源的合理利用和维持生态系统良性循环的前提下，该系统所承受的人口数量、经济强度及社会总量的能力。20 世纪 90 年代以来，国外学者对生态承载力的研究更加深入，研究视角逐渐由静态转向动态，研究方法从定性转为定量，研究对象从单一要素转为多个要素乃至整个生态系统。因此，生态承载力的概念也日趋完善。

生态承载力也可以理解为生态系统对施加给它的外部干扰的承受能力。如果外部干扰力量超过了生态系统的承受阈值，系统的平衡性将遭到破坏，生态系统将失去原有的自我调节功能。因此，人类的可持续发展必须以生态系统的可承受能力为基础。准确理解生态承载力，要把握其三个特征：一是客观性。生态承载力的客观承载性是生态系统本身所固有的，当生态系统受到外界的不良干扰时，它会自动产生一种抵抗外界不良干扰的机制，为生态系统的演变、进化和发展奠定了基础。二是可变性。生态承载力的存在虽然是客观的，但生态系统的稳定性并不是一成不变的，而是在一定时期内处于相对稳定状态的动态平衡。生态系统作为一个庞大而复杂的有机统一整体，各种要素之间相互影响、相互制约，共同推进生态系统的演进和发展。三是层次性。生态系统中单个要素的稳定并不能维持系统的平衡，只有整个系统中各个层次的要素达到统一协调时，才能达到稳定状态。在不同的地区、生物圈层次上，生态系统的承载力不同。

2.2.1.3　循环经济理论

循环经济(Cyclic Economy)思想的提出最早可以追溯到 20 世纪 60 年代。1962 年，美国生态学家蕾切尔·卡逊(Rachel Carson)在其《寂静的春天》一书中呼吁人们更多地关注环境问题。循环经济最先由美国经济学家波尔丁(K. Paulding)提出，他认为循环经济是在人类社会、自然资源和科学技术的系统内，从传统的"资源→产品→废弃物"的开环式经济系统向"资源→产品→废弃物→资源再利用"的闭环式经济系统转变。德国政府在 1994 年 9 月颁布《循环经济与废物管理法》，并于 1996 年 10 月开始实施，这是发达国家首次将循环经济纳入法律体系。与此同时，日本也积极开展了有关循环经济的社会实践活动。德国和日本成为世界上最早发展循环经济的国家，两国的循环经济发展水平以及相关法律制度也处于世界先进行列。20 世纪 90 年代末，中国引入了循环经济的概念和思想，对循环经济的理论研究和实践也不断深入。国内最早研究循环经济的专家左铁镛(2005)认为，循环经济是运用生态学规律、物质循环和能量流动规律来指导人类社会的经济活动，其核心是资源的高效利用和循环利用其原则遵循能源资源使用的"减量化、再利用、再循环"(Reducing，Reusing，Recycling，即"3R")，其基本特征是物质闭路循环和能量梯次使用，其实质是以较少的资源消耗和较小的环境代价实现最大的经济效益和社会效益。循环经济是通过资源的高效利用和循环利用，减少污染物排放，实现社会、经济与环境的协调、可持续发展。

2.2.1.4 生态经济理论

生态经济(Ecological Economy)的概念最早出自 1966 年美国经济学家肯尼斯·鲍尔丁(Kenneth Ewart Boulding)发表的《生态科学的经济学》一文，他认为生态经济发展模式是解决人类经济增长对自然资源需求的无止境性与资源供给有限性矛盾的有效办法。生态经济思想是生态学与经济学的结合，是指在生态系统的可承受范围内，运用生态学原理改变人类生产方式和消费方式，运用市场经济体制控制人口增长、环境污染和资源的开发利用。1972 年，美国经济学家麦多斯在《增长的极限》一书中提出了增长极限论，运用"世界模式模型"对人口、资源、环境与经济发展的关系进行了悲观预测：在传统发展模式下，由于受人口增长、粮食短缺、环境污染、资源耗竭等因素的影响，人类经济将在 2100 年以前达到增长极限，人类社会将发生突然的和无法控制的崩溃。此后，生态经济学才开始真正引起人们的重视。1982 年，第一次生态学和经济学的跨学科国际学术会议的召开，标志着生态经济学的正式诞生。生态经济的内涵要求人类经济活动顺应生态规律，即经济系统要服从生态系统。

2.2.1.5 绿色经济理论

绿色经济(Green Economy)的概念是由英国经济学家大卫·皮尔斯(David Preece)在 1989 年出版的《绿色经济蓝皮书》中首次提出，他主张从经济、社会及生态条件出发，建立一种"可以承受的经济"。在 2007 年 12 月召开的联合国巴厘岛气候会议上，联合国秘书长潘基文指出，"人类正面临着一次绿色经济时代的巨大变革，绿色经济和绿色发展是未来的道路""绿色经济正在为发展和创新产生积极的推动作用，它的规模之大和影响之深远可能是自工业革命以来最为罕见的"。2010 年，联合国环境规划署(UNEP)将绿色经济定义为改善人类行为和社会公平，同时能够显著减少环境风险和生态匮乏的经济。绿色经济以技术进步为手段，通过正确处理人与自然之间的关系，实现自然资源的永续利用；通过生产、流通、分配、消费过程的绿色化，实现生态环境的持续改善和生活质量的持续提高。当前世界各国之所以更加强调绿色经济，是因为现行统计的 GDP 不能真实反映国民财富总量，通过绿色GDP的核算，实现“真实GDP”与世界经济的接轨。绿色经济的概念较宽泛，不仅包括绿色农业、绿色工业、绿色服务业，还包括绿色技术、绿色投资、绿色信贷等。绿色经济不等于低碳经济，绿色经济涉及政治、经济、社会、伦理、环境等的方方面面。可以认为，凡是与环境保护、能源资源的合理利用和可持续发展相关的平衡式经济形态都可以纳入绿色经济的范畴。

2.2.2 生态足迹理论与碳足迹理论

生态足迹(Ecological Footprint)这一概念最早是由加拿大生态经济学家里斯(Willian E. Rees)在1992年提出的，并由其博士生瓦克纳格尔(Wackernagel)在1996年进一步完善。生态足迹又称生态占用，是指在现有技术条件下，能够维持一个人、一个国家或地区乃至全球生存所产生的所有的废弃物、具有生产力的地域空间或地域面积。如果生态足迹超过了所提供的生态承载力，就会出现生态赤字；反之，则会出现生态盈余。生态足迹通过测定当今人类为了维持自身生存和发展而利用自然资源的量来评估人类对生态系统的影响，它用来衡量人类对大自然的需求状况。

碳足迹(Carbon Footprint)是生态足迹理论的引申，在生态足迹的增长中，碳足迹的增长比其他足迹更为迅速。碳足迹是指企业、组织或个人引起的温室气体排放量的集合，它可以用来衡量人们的能源意识和行为对自然界产生的影响。碳消耗得多，排放的二氧化碳就越多，碳足迹就越大；反之，碳足迹则越小。碳足迹可分为第一碳足迹和第二碳足迹，第一碳足迹是指人类经济活动所产生的温室气体排放量，第二碳足迹是指某一项产品或服务在其生命周期过程中所产生的二氧化碳排放量。碳足迹的计算包括两部分：一部分是直接消耗能源产生的碳排放，另一部分是间接消费各种产品和服务所产生的碳排放。

通过生态承载能力和人类碳足迹，可以引申出碳预算(Carbon Budget)的概念。2007年联合国开发计划署(UNDP)发布的《2007/2008年人类发展报告》指出，碳预算开启于《京都议定书》的策划者们。碳预算从全球预算和国家预算两个层面实施：一方面，全球碳预算指出人类能够承受全球升温的最高极限是2℃，从而基本确定了人类碳排放的最高上限；另一方面，国际社会减少碳排放的主要途径是建立国际框架履约，国家碳预算对国际履约过程设定了预期目标，即到2020年全球温室气体排放量在1990年的基础上减少20%，到2050年在1990年的基础上削减60%。

从全球碳核算的角度看，可以将地球视为一个整体，大气环境是一个具有非排他性的公共物品，人类向大气中排放的温室气体都会对气候产生影响。但对于不同的国家而言，碳足迹与人均碳足迹存在很大差异，国家碳足迹的大小与过去和现在的能源消耗密切相关。由于人类生存的环境容量是有限的，所以未来碳排放可用的“生态空间”取决于人类过去的排放行为。目前发展中国家的碳足迹正在迅速加大，但发达国家应该为自己的历史累积碳排放负责，在碳减排责任上要遵循“共同但有区别的责任”原则。2011年全球碳排放最多的国家和地区包括中国、美国、欧盟和印度，这些国家和地区碳排放占全球碳排放的比重分别为28%、16%、11%和7%，这些国家和地区碳排放之和超过全球的一半以上。无论是出于对当前还是未来发展的考虑，所有国家都要在经济发展的同时，采取有效措施减少碳足迹。

2.2.3 “脱钩”理论

脱钩(Decoupling)一词最早出现于物理学领域。1966 年,Carter 首次将脱钩这一概念引入社会经济领域,用来表述经济发展与环境保护之间的变化趋势。2011 年,经济合作与发展组织(OECD)提出了脱钩理论,该理论用来分析经济增长与能源消耗之间的联系,用“脱钩”表示两者关系的阻断,即实现经济增长与能源消耗或环境污染的脱钩发展。根据环境库兹涅茨曲线(EKC)假说,经济增长与能源消费之间存在正相关关系,即经济增长往往伴随着能源消费的增加,但如果采取一些有效的技术手段或减排措施,可能会以较少的能源消费得到同样甚至更好的经济效益,这一过程被称为脱钩。根据 OECD(2002)的分类,脱钩可以分为相对脱钩和绝对脱钩。其中,相对脱钩是指二氧化碳排放增长率小于经济增长率,即相对意义上的低碳经济发展;绝对脱钩是指经济发展的同时碳排放量减少(碳排放的负增长),即绝对意义上的低碳经济发展。

国内外对碳排放的研究表明,无论是发达国家还是发展中国家,其经济发展与碳排放的关系演化大致存在三条倒 U 型曲线(如图 2-1 所示),即碳排放强度倒 U 型曲线、人均碳排放量倒 U 型曲线和碳排放总量倒 U 型曲线。这意味着要实现经济发展与碳排放的脱钩,必须逐步实现三种脱钩,即碳排放强度脱钩、人均碳排放量脱钩与碳排放总量脱钩。

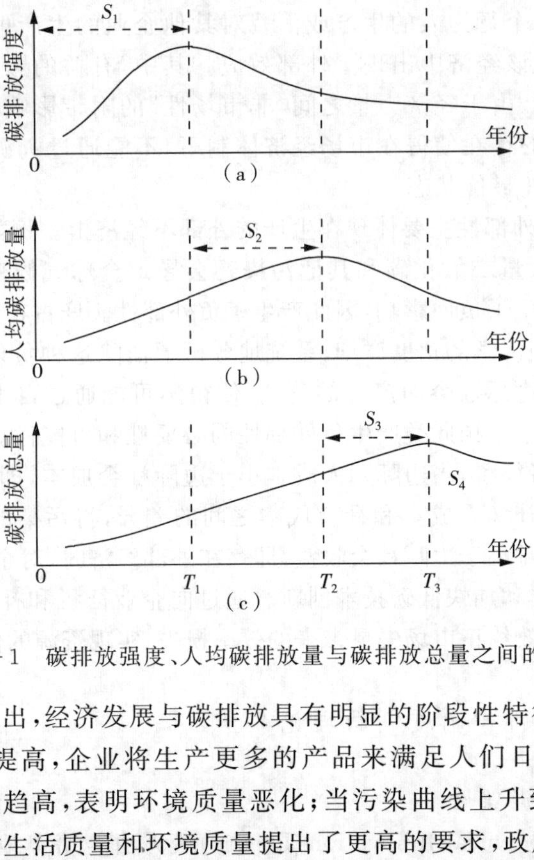

图 2-1　碳排放强度、人均碳排放量与碳排放总量之间的关系

由图 2-1 可以看出,经济发展与碳排放具有明显的阶段性特征。在经济发展初期,随着人均收入水平的提高,企业将生产更多的产品来满足人们日益增长的物质生活需求,环境污染曲线由低趋高,表明环境质量恶化;当污染曲线上升到临界点以后,随着人均收入的提高,人们对生活质量和环境质量提出了更高的要求,政府、企业和个人会为减

缓环境恶化做出努力，环境污染曲线呈下降趋势，表明环境质量得到改善。就不同类型的国家来讲，碳排放与经济发展阶段的关系可以分为三种类型：以欧盟国家为代表的发达国家，在低碳经济政策、低碳技术创新、新能源与可再生能源开发、能源市场机制、节能立法等方面的发展已日臻成熟，加上人口增长缓慢，一些国家和地区的人口甚至出现负增长，经济呈现内涵型增长，且经济增长趋于稳定，温室气体排放呈下降趋势；以美国、日本、加拿大为代表的发达国家，虽然在低碳经济领域取得了显著成效，但由于其人口仍在持续增长，经济对外扩张的趋势比较明显，温室气体排放呈明显的增长趋势；以中国、印度、巴西、南非为代表的发展中国家，当前的主要任务是经济增长和消除贫困，受经济发展和技术水平的制约，低碳经济处于初步发展阶段，再加上人口增长较快，能源消费处于快速提升的过程，并且大都以煤炭、石油等高碳能源为主，温室气体排放呈长期增长趋势。由于发展中国家的经济发展阶段与发达国家存在差距，各国在发展低碳经济时面临的问题存在差异，相应的减排措施和减排成本也会不同。因此，在碳减排进程和减排目标上应坚持“共同但有区别的责任”原则。

2.2.4 外部性理论

外部性(Externality)又称为溢出效应或外部效应，这一概念在20世纪初由剑桥大学著名经济学家马歇尔(A. Marshall)和阿瑟·庇古(A. C. Pigou)提出的。外部性是指在实际经济活动中，当一个行为人的生产或消费对其他企业的生产可能性或其他消费者的福利产生影响时，就说该经济中出现了外部效应。其中，有益的影响称为正外部性，有害的影响称为负外部性。由于经济力量之间“非市场性”的附带影响，在生产或消费中都会产生外部性。外部性的存在使得在市场经济体制下，不能通过资源的优化配置来达到生产、消费、交换的帕累托最优状态。

就环境问题而言，外部性主要体现在生产的外部不经济上。例如，高能耗、高污染企业在生产过程中排放的大量二氧化碳和其他污染物会导致全球气候变暖、生态环境恶化，对人类健康、生态环境产生了负面影响，因此产生了负外部性。庇古在1920年出版的《福利经济学》一书中，从福利经济学的角度详细、系统地分析了消除这种负外部性的方法。庇古认为，边际私人净产值与边际社会净产值的背离，使得不可能通过自由竞争达到社会福利的最大化，于是政府就有了干预此类产生负外部性的必要性和可能性。庇古建议应根据污染所造成的危害对排污者征税，当边际私人成本小于边际社会成本，即存在外部经济时，向企业征税，以税收形式弥补私人成本和社会成本之间的差异，将污染的成本转加到产品的价格中去；当边际私人收益小于边际社会收益，即存在外部经济时，对企业进行补贴，以激励企业更好地实施节能减排和加快低碳技术创新。通过向企业征税和补贴两种手段，可以实现外部成本的内部化，有效纠正市场失灵带来的效率损失，实现资源的优化配置。

2.2.5 技术创新和制度创新理论

2.2.5.1 技术创新理论

技术创新理论(Technical Innovation Theory)最先由美籍奥地利经济学家约瑟夫·

熊彼特(J. A. Schumpeter)在其著作《经济发展理论》一书中提出。"创新"就是建立一种新的生产函数或生产体系，即实现生产要素和生产条件的一种全新的有机结合。创新一般包含五个方面的内容：一是制造新的产品；二是采用新的生产方法；三是开辟新的市场；四是获得新的供应商；五是形成新的组织形式，即形成一种垄断或打破原有的垄断。创新不是单纯地发明某项新技术或新工艺，而是创造一种新的运行机制。当一项创造或发明应用到实际生产中，提高生产要素的利用率，降低生产成本，这才是真正的创新。自熊彼特提出创新理论以来，许多企业逐渐认识到技术创新是提升企业核心竞争力的关键因素，对技术创新的重视与否将直接决定企业的发展前景。

20 世纪 50 年代以后，西方学者对技术进步与经济增长的关系进行了深入研究。熊彼特的创新理论成为西方经济学理论的两个重要分支：一个是 1956 年罗伯特·索罗(Robert Solow)提出的新古典经济增长理论和 1986 年罗默(Paul Romer)提出的内生经济增长理论，这两个理论都将技术进步纳入经济增长的理论框架；另一个是技术创新的"轨道"和"范式"理论，该理论侧重研究技术创新的扩散效应。

在经济增长理论中，技术进步过程的经济理论最早由熊彼特(Josef Schumpeter)在 1942 年提出，他把新技术渗透到市场的过程分为三个步骤：发明(Invention)、创新(Innovation)和扩散(Diffusion)。技术进步的来源主要包括研发(R&D)、干中学(Leaning by doing)和知识的溢出效应(Knowledge spillovers)。技术进步是各种经济变量综合作用的结果，具有外生性和内生性(引致性)。外生技术进步的新古典经济增长理论，其典型代表是哈罗德-多马模型和索罗-斯旺模型。在这两个模型中，技术进步都是外生的，即单纯的技术进步。由于技术进步是外生给定的，经济增长中不存在规模报酬递增和规模报酬递减，只有规模报酬不变。经济的自发运行使经济始终处于最优增长路径上，经济政策不会对经济的长期增长产生显著影响，但技术进步可以实现消费者终身效用的增加。快速的技术进步可以维持经济在低增长率下的持续发展，但此时环境污染在平衡增长状态下是不断增加的。所以，外生技术进步理论认为，随着时间的推移，污染将越来越严重。内生性技术进步最初是由肯尼斯·阿罗(Arrow. K)在 20 世纪 60 年代提出，他认为技术可以通过"干中学"的方式实现积累和扩散。当技术进步是内生时，随着资本积累的增加，经济可以在平衡增长路径上持续增长。内生和外生经济增长理论都认为科学技术对经济增长具有持久的推动作用。此外，技术进步还具有节能减排的作用，尤其是低碳技术、清洁生产技术及高效节能技术等。因此，技术进步被视为推动低碳经济发展的关键力量。技术进步会提高劳动生产率，推动经济增长，同时，能源消费和碳排放会呈逐渐减少的趋势。在技术进步的推动下，能源消费、碳排放和经济增长将实现协调发展。

新经济增长理论认为，研发和创新是促进技术进步的决定性因素，因此可以通过研发和创新推动低碳技术进步。通过技术进步与应用创新提高能源使用效率，降低单位产品耗能，从而达到节能减排的目的，这种方式称为技术节能或直接节能。具体来讲，技术节能就是根据能源类型分析耗能现状，找出能源浪费的节能空间，然后采取相应的措施减少能源浪费。技术进步对能源需求以及能源效率的影响贯穿于整个过程，例如，先进设备的引进可以减少生产过程中能源的损耗，运输技术的改进可以降低能源运输过程中的损耗，管理制度的优化可以优化资源配置，从而可以获得更多的产出。

2.2.5.2 制度创新理论

美国加州理工学院教授兰斯·戴维斯(Lance Davids)和华盛顿大学教授道格拉斯·诺斯(Douglass Cecil North)运用经济学理论分析和探讨制度创新，构建了系统的制度创新理论，他们综合了约瑟夫·熊彼特(Joseph Alois Schumpeter)的创新理论和制度学派的制度理论，认为制度创新对技术创新具有决定性作用，对于研究技术创新有很大的帮助。诺斯认为，制度是一系列被制定出来的规则、守法程序和行为的伦理道德规范，它旨在约束追求主观福利或效用最大化的个人行为。制度创新是对现存制度的变革，它的实质是一个社会以新的、更富有效率的制度安排取代旧的、缺乏效率的制度安排，具体包括产权制度、竞争规则、政治制度、意识形态等各种主要的正式规则或非正式规则的变革。制度创新与技术创新有相似之处，两者都是创新的结果，只不过技术创新的时间依存于物质资本寿命的长短，而制度创新与物质资本的寿命无关。

所谓制度创新是指改革旧有的制度安排或用新制度取代旧制度，促进经济的发展。低碳制度创新是通过创造新的、更能有效激励低碳发展的制度和规则体系，实现经济的可持续发展。所有创新活动都要通过制度创新得以固化，并以制度化的方式持续发挥创新活动的作用。如果在低碳经济发展过程中，政府不能合理设计制度和执行制度，就会出现市场失灵，造成经济发展的体制性和制度性障碍。世界上存在相对成功的产权制度，西方国家的产权制度总体上也比传统的计划经济条件下的产权制度更有效率，这是西方国家注重制度创新的结果。

低碳经济是一种全新的发展理念和发展模式，是对传统经济发展理念、能源资源利用模式和环境治理方式的重大变革。发展低碳经济，不仅需要科技创新，更需要政策法规制度的促进和引导。由于环境是一种公共产品，其产权难以有效界定，环境资源的产权模糊会导致经济主体无偿获得环境资源带来的收益，而将成本转移给他人或社会。环境成本的外部化不仅会导致环境污染和生态破坏，而且可能带来"公地悲剧"的严重后果。经济主体通过环境产权的非交易成本和对环境资源的非理性消费来实现自身利益的最大化，经济活动中留给他人或社会的负外部性问题已经无法依靠市场这只"无形的手"来解决。面对"市场失灵"背景下的环境资源配置无效率的情形，政府必须重新界定环境资源的产权，选择市场或政府或两者结合的方式，界定环境资源配置，提高环境资源使用效率。发展低碳经济，必须改变原有制度下的利益规则，依靠制度创新激励或引导经济主体的行为，实现环境污染的外部成本的内部化。从高碳经济向低碳经济转型是一个复杂的系统工程，因为各个国家的具体情况不同，没有成功的先例或现成的经验可以借鉴，因此，每个国家的低碳经济发展都将经历一个艰难的探索过程，在这个过程中，要不断进行体制创新和制度创新，以满足低碳经济发展的需要。

2.2.6 "隧道效应"理论

1991年，美国经济学家 Grossman 和 Krueger 首次运用实证方法研究了环境质量与人均收入之间的关系，指出环境污染与收入水平有关，在低收入水平上，环境污染随着人均 GDP 的增加而上升；在高收入水平上，环境污染随着人均 GDP 的增加而下降。1992 年，世界银行发布的《世界发展报告》将“发展与环境”作为主题，全面阐述了环境质量与收入之间的关系，对以后环境质量与收入关系的研究产生了重要影响。1993 年，潘那约托(Panayotou)运用库兹涅茨的人均收入与收入不均等之间的倒 U 形曲线对环境质量与人均收入之间的关系进行了研究，绘制出环境库兹涅茨曲线(EKC)。环境库兹涅茨曲线将经济增长与环境污染的变化分为三个阶段，并且经济增长通过规模效应、技术效应与结构效应三种途径影响环境质量。第一阶段是起飞阶段，表现为经济的高速增长，规模效应超过了技术效应和结构效应，环境质量的退化在一定程度上是难以避免的，在污染转折点到来之前，环境质量随着经济增长不断恶化；第二阶段是转折阶段，表现为在经济增长过程中，自然资源的消耗和环境质量的恶化促使政府对环境保护的投资力度加大，研发支出上升，投入结构和产出结构发生了变化，技术效应和结构效应抵消了一部分由于生产规模扩大(规模效应)对环境产生的负面影响，环境污染达到峰值后开始下降；第三阶段是下降阶段，随着经济发展和收入水平的提高，技术效应和结构效应超过规模效应，环境质量不断改善，经济增长进入稳定阶段。

碳排放的产生机制与经济发展之间的关系符合环境库兹涅茨曲线的规律。当前发达国家已经完成了从高碳经济向低碳经济的转型，碳排放处于环境库兹涅茨曲线的下降阶段；发展中国家正处于工业化和城镇化的快速发展阶段，经济增长的高碳性显著，处于环境库兹涅茨曲线的上升阶段。在碳排放库兹涅茨曲线中，如果把经济发展过程中产生的碳排放比喻成一座高山，那么发展经济就是一次翻山活动。发达国家已经进入后工业化阶段，基本上已经翻越了“碳高山”；发展中国家正处于攀登“碳高山”的道路上，但发展中国家不能重走发达国家“先污染后治理”的老路，只能寻找一条降低碳排放的捷径，那就是在半山腰开凿一条隧道，这样就可以以较小的环境代价，达到同样的经济发展目的。这种发展模式称之为“隧道效应”，该理论称之为低碳“隧道效应”理论。实际上，隧道效应理论是雁型发展模式(Flying Geese Paradigm)和环境库兹涅茨曲线的结合体。低碳“隧道效应”如图 2－2 所示。

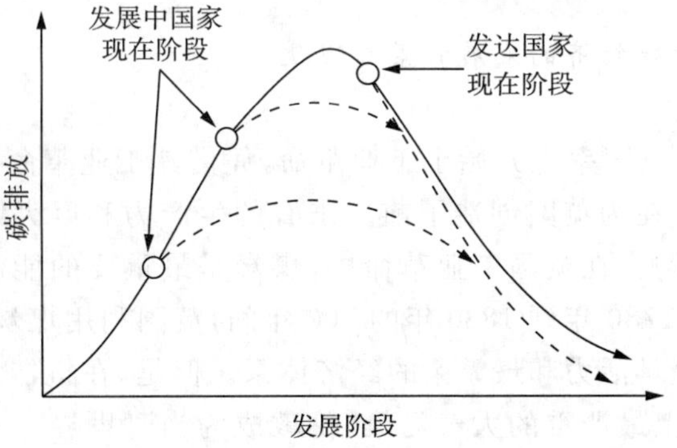

图 2－2　低碳“隧道效应”示意图

第3章 全球低碳经济的发展状况、趋势及影响

低碳经济自提出以来，一直备受各国政府的重视。尤其是2008年国际金融危机爆发以后，在全球经济复苏和经济结构调整的新形势下，低碳经济已成为全球新一轮经济增长的推动力量。发达国家先后通过政策支持、技术创新、开发新能源等方式，积极推动本国的低碳经济转型，试图抢占低碳经济发展的先机。部分发展中国家也在应对气候变化问题上采取了积极行动。向低碳经济转型，成为全球经济发展的大势，低碳经济将对全球经济发展产生显著而深远的影响。

3.1 主要国家低碳经济的发展现状及趋势

在全球气候变暖的背景下，发展低碳经济正由科学共识转变为现实行动。英国、美国和日本作为发达国家的典型代表，在低碳经济发展方面积累了许多成功经验；而俄罗斯作为能源出口大国和转轨大国，其低碳经济发展面临诸多问题和挑战，俄罗斯政府采取了一系列促进低碳经济发展的政策和措施。通过比较分析发达国家和转轨国家的低碳经济策略和经验，能够为中国低碳经济发展提供借鉴。

3.1.1 英国的低碳经济

3.1.1.1 英国低碳经济的发展背景与现状

(1)发展背景

18世纪60年代，英国率先开始了工业革命，凭借其工业革命先驱的优势傲视全球。然而，机器大工业生产在为英国创造了前所未有的生产力和巨大财富的同时，也给英国带来了严重的环境问题。在英国工业革命中，煤炭是最重要的能源，它为蒸汽机提供了直接的动力来源。从1780年到1880年的100年间，英国利用煤炭所提供的能源建立了世界上技术最先进、最具活力和最繁荣的经济体系。但是，在机器大生产中，煤炭的广泛使用造成了英国历史上最严重的大气污染，伦敦成为当时世界上有名的“雾都”。此外，英国“自由放任”的经济增长模式不仅造成煤炭、石油等能源的浪费，还造成了严重的环境问题，例如，大气污染、河流污染、自然环境和城市居住环境恶化等。

(2)发展现状

第一，积极倡导低碳经济。进入21世纪后，英国吸取工业革命期间环境污染的历史

教训，成为全球低碳经济的积极倡导者和践行者。在过去 10 年间，英国实现了 200 年来最长的经济增长期，经济增长了 28%，温室气体排放却减少了 8%。英国成为世界上最先发展低碳经济且比较成功的国家。2003 年，英国政府在发布的能源白皮书《我们未来的能源：创建低碳经济》中，首次提出了“低碳经济”的概念，宣布到 2050 年英国能源发展的总体目标是从根本上把英国变成一个低碳国家。按照《京都议定书》的承诺，2012 年欧盟温室气体要在 1990 年的基础上减少 8%，英国表示愿意在温室气体减排方面为欧盟成员国承担更多的责任，在欧盟内部的“减排量分担协议”中英国承诺减排 12.5%，比平均减排 8%的目标高出 4.5 个百分点。不仅如此，英国政府还计划到 2020 年二氧化碳排放量比 1990 年减少 20%，到 2050 年减少 60%。经过英国各相关领域的共同努力，英国低碳经济取得了骄人的成绩。工业方面，随着能源效率的提高，英国工业已经实现了向高附加值、技术密集型产业的转变，自 1990 年以来，英国工业生产年均增速达到 1%，而碳排放量却下降了 46%；交通方面，由于清洁能源占比增加和汽车能效的提高，该领域碳排放量不断下降，与 1990 年基本持平；建筑方面，为了减少供暖损失，英国对 1100 万座房屋安装了空心墙绝热装置，2011 年英国供暖开销减少了 13 亿英镑。

第二，绿色产业快速发展。2008 年国际金融危机对英国虚拟经济及实体经济造成了严重冲击，其中，影响最大的是金融服务业、零售业和建筑业。随着经济形势的恶化，英国失业率不断攀升，经济陷入了持续的低迷期。为了应对经济下滑，增加就业，英国将发展绿色产业作为刺激经济复苏的有力抓手。近几年，英国绿色产业发展迅猛，为近 100 万人创造了就业机会，2011 年新增加了 2.5 万个就业岗位，涵盖了生物燃料、电动汽车制造以及风力发电机等多个领域。绿色产业规模超过了汽车制造、航空航天和电信业，成为英国经济发展中新的增长点。据有关数据显示，2012 年英国低碳和环保产业已经占 GDP 的 8%，为英国经济增长率做了 1/3 的贡献。

第三，可再生产品发展潜力巨大。为了达到欧盟规定的环保标准，英国可再生工业总产值要在 2018 年前翻一番，达到 250 亿英镑。为此，英国充分利用可再生资源方面的优势，大力开发和生产可再生产品。在可再生产品的开发和生产过程中，尽量减少资源消耗和对环境的影响，将物品的循环再利用作为产品生产的主线。英国生产的可再生产品主要包括景观产品、建筑产品、户外用品和家具等，其回收利用率基本上可以达到 100%。为了达到环保节能标准，英国对每一位客户提供的可再生产品都会做出一个符合成本效益的解决方案，保证产品的品质，不仅节约了用户的成本，还能够有效降低碳足迹。英国可再生产品注重资源的有效利用，不仅提高了能源的安全性，减少碳排放，还可以促进废物的循环利用，通过可持续的采购方式优化资源配置。

3.1.1.2　低碳经济发展目标

(1)低碳战略导向

近些年，英国把应对气候变化、发展低碳技术作为经济社会发展的重要战略，出台了一系列政策法规和配套措施。2008 年 11 月，《气候变化法案》(Climate Change Act，CCA)确定了英国到 2050 年减排 80%的目标，该法案的颁布标志着英国成为世界上首个以法律形式设定温室气体减排目标的国家。为了尽快使英国从国际金融危机的衰退中复苏，2009 年 4 月，英国启动了“绿色振兴计划”，通过电动车、混合燃料车、环保汽车的推广使用，在几年内使英国环保产品和服务收益增加了50%。2009年7月，英国颁布了《英国低碳转型计划》，内容涉及能源、工业、交通和住房等多个领域，规定到2020年英国碳排放量在1990年的基础上减少34%。与此同时，英国还公布了可再生能源战略、低碳工业战略和低碳交通战略等一系列配套文件。2012年11月，英国出台的《能源法案》明确提出要调整能源结构，发展低碳经济。英国从国家战略的高度推行低碳经济，并以低碳技术和新能源产业发展为契机，在发展低碳经济之路上走在了世界前列。

(2)建立低碳政策工具

在政府的主导下，英国建立了包括碳税收、碳信托基金、碳排放交易机制等较为全面的、相互联系的低碳政策有机体系。

第一，实施气候变化税(Climate Change Levy,CCL)。气候变化税是英国在其“气候变化计划”中提出的一项实质性的政策手段，本质上是一种“能源使用税”。2001年4月1日，气候变化税开始实施，并对征税对象做了详细而具体的规定。为了减轻企业负担，政府在征收气候变化税的同时又通过调低企业为雇员缴纳的国民保险金、强化投资补贴项目和成立碳基金等措施，将税收返还给企业。英国一年大约可以征收气候变化税11亿～12亿英镑，其中，8.76亿英镑以减免国民保险金的方式返还给企业，1亿英镑用于节能投资的补贴，0.66亿英镑作为碳基金。

第二，建立碳信托基金。英国的碳基金来源于气候变化税的一部分，是2001年由英国政府投资，并按照企业模式运作的独立公司。碳基金主要针对年能源成本为300万英镑以上的大企业，其工作重点是帮助这些企业加强碳管理和增加低碳技术投资，并致力于企业能源效率的提高和碳排放的减少。碳信托基金筹资数目每年大约为5000万英镑，除气候变化税外，还有部分来自政府筹款。经过十多年的发展，英国碳基金取得了显著成效，不仅免费为企业提供碳管理，增强企业的节能减排意识，而且为企业提供更多的投资机会，增加了企业投资收益。

第三，建立碳排放交易机制(UK Emissions Trading Scheme,UK ETS)。2002年3月，英国建立了温室气体排放交易制度，成为世界上最早实施温室气体排放交易机制的国家。碳排放交易机制的运作方式包括两种：配额交易与信用额度交易。配额交易模式先是拟定一个绝对减量指标，然后指定每个企业的排放配额；信用额度交易模式是由参与者以其他提升能源效率或减量专案计划，提出其相对减量目标所产生的额外减量。2005年欧盟碳排放交易体系启动后，为了避免双重规则，英国碳排放交易体系于2006年12月31日结束。英国碳排放交易制度取得了一定成效，2002年二氧化碳减排量达到46万吨，2003年近53万吨，2004年近600万吨，2005年近700万吨。

3.1.2 美国的低碳经济

3.1.2.1 美国低碳经济的发展背景与现状

(1)发展背景

美国独立较晚，其工业化起步晚于英国。19世纪，美国抓住第二次工业革命的有利机遇，经济取得了突飞猛进的发展，在短短的几十年里，美国迅速赶超英国和法国，成为首屈一指的世界政治、经济和军事强国。在美国经济迅速扩张的同时，也面临着前所未有的环境危机。美国幅员辽阔，地广人稀，有丰富的森林和矿产资源，在殖民地时期和建国初期，美国自然资源浪费比较严重。到了 19 世纪后期，随着工业的迅速发展，再加上美国政府实行自由放任的政策，导致了一系列严重后果，例如，森林过度砍伐，自然资源的破坏和浪费十分严重，水土流失和生态环境恶化等。20 世纪 60 年代至 70 年代，美国的环境污染十分严重，大多数工业城市都存在严重的大气污染、水污染和固体废弃物污染。1970 年以来，美国加大了对环境污染的治理力度，取得了显著的成效。1998 年美国签署了《京都议定书》，但 2001 年 3 月，布什政府以"减少温室气体排放将会影响美国经济发展"和"发展中国家也应该承担减排责任"为借口，拒绝在《京都议定书》上签字。虽然美国没有在《京都议定书》上签字，但美国政府在环境保护、节能减排和保障能源安全方面采取了一定的措施，综合运用法律和经济手段，推进低碳经济发展。

(2)发展现状

第一，能源消费结构发生了显著变化。在美国成立之初，木材是美国家庭的主要能源来源；到 19 世纪中期，水力成为工业的动力来源；19 世纪后期，煤炭逐渐成为主要的能源来源；到 20 世纪中期，石油的使用量超过了煤炭，天然气的使用量也迅速增加。自 20 世纪中期以来，煤炭使用量不断增加，而且主要用作发电能源。经历了 20 世纪 70 年代的石油危机以后，美国的石油和天然气消费量逐渐增长，直到 20 世纪末，这一能源消费模式一直保持稳定。近期随着美国石油和天然气产量的增加，化石燃料的使用结构发生了变化，但石油、天然气、煤炭三大能源仍处于主导地位。近十年美国一次能源消费结构见表 3-1。

表 3-1　2003—2012 年美国一次能源消费结构(单位：%)

年份	原油	天然气	煤炭	核能	水电
2003	39.8	24.7	25.0	7.9	2.6
2004	40.5	24.8	24.1	8.0	2.6
2005	40.4	24.4	24.6	8.0	2.6
2006	40.4	24.4	24.4	8.1	2.7
2007	39.9	25.2	24.3	8.1	2.5
2008	38.5	26.1	24.6	8.4	2.4
2009	37.8	27.0	23.5	8.7	3.0
2010	37.2	27.2	24.6	8.4	2.6
2011	37.7	27.6	23.1	8.3	3.3
2012	37.1	29.6	22.1	8.3	2.9

第二，可再生能源发展迅速。美国是世界上二氧化碳排放量最大的国家之一，2012 年二氧化碳排放占全球排放总量的 16%，人均二氧化碳排放量约 17.3 吨。为了减少碳排放量，美国大力发展风能、太阳能、生物质能、地热能等可再生能源，可再生能源消耗大

幅增加。2010年美国可再生能源占能源消耗总量的8.2%,2011年上升到9.4%。可再生能源产业的迅速发展,主要得益于美国政府的政策引导。近几年,美国政府加大了对可再生能源产业的扶持力度,在研发投入、税收优惠和补贴等各方面给予支持。美国希望发展可再生能源既能保障美国能源安全,又能成为引领美国经济发展的动力。

第三,光伏技术居世界前列。美国是世界光伏技术和光伏产业的发源地。1954年,贝尔实验室的研究人员开发出了能源转换效率达到4.5%的单晶硅太阳能电池,此后,美国一直走在世界光伏技术开发和应用的前列。20世纪90年代中期以后,随着日本、欧洲光伏市场需求的迅速增长,美国光伏产业取得了突飞猛进的发展,并向着更高效、低成本的方向发展。据悉,美国目前光伏系统采用的一种新技术能够将太阳能电池的转换效率提高到66%,从而大大降低了太阳能发电成本。

3.1.2.2 低碳经济发展目标

(1)强化政策约束,制定低碳经济政策法规

一直以来,美国十分注重对低碳经济的法律引导。1990年,美国实施《联邦清洁空气法》,2005年通过了《2005国家能源政策法》。2007年7月11日,美国参议院颁布了《低碳经济法案》,确立了温室气体减排的战略目标:2020年美国的碳排放量减少到2006年的水平,2030年减少到1990年的水平。2009年美国众议院通过了《清洁能源法案》。2009年1月,奥巴马总统宣布了"美国复兴和再投资计划",将投资重点转向新能源,共投入1500亿美元,目标是到2012年使美国的新能源产量增加1倍,使新能源发电占总能源发电的比例提高到10%,到2025年提高到25%。2009年2月,美国出台了《美国复苏与再投资法案》(American Recovery and Reonvestment Act,ARRA),投资7870亿美元,用于新能源的开发和利用。2009年6月,美国众议院通过了《美国清洁能源与安全法案》(American Clean Energy and Security Act,ACESA),这是奥巴马能源与气候新政推进过程中的一项重要政策。该法案注重对新能源领域的投资,其中,有关新能源技术和能源效率技术的投资高达1900亿美元,此外,还有600亿美元用于开发碳捕捉和碳封存技术,200亿美元用于发展电动汽车和其他先进的机动车项目,基础性的科学研发为200亿美元。

(2)推出清洁煤计划,重视可再生能源和新能源技术

美国政府在《联邦清洁空气法》《联邦能源政策法》的基础上提出了清洁煤计划,其目标是充分利用低碳技术,提高能源效率,降低生产成本,减少碳排放。据美国能源信息署(EIA)统计,目前美国一半的电力供应来自煤炭,预计到2030年,这一比例将上升到57%。为了提高煤炭利用效率,自2001年以来,布什政府已经在清洁煤研发项目上投入22亿美元,大大推进了清洁煤技术的规范化和市场化。布什政府通过"煤研究计划"(CRI)支持能源部国家能源技术实验室(NETL)进行清洁煤技术研发,包括创新型污染控制技术、煤气化技术、先进燃烧系统、汽轮机及碳捕获封存技术等。

奥巴马执政后不久就推出了新能源战略,希望该战略能够成为维护美国世界经济霸权地位的重要手段。2009年2月26日,奥巴马总统向国会提交了"2010年财年预算建议",该财年始于2009年10月1日,预算支出36000亿美元。其中,用于发展低碳经济与减少温室气体排放、发展可再生新能源和竭力摆脱对进口石油依赖的分量极高。这对于美国实施新能源战略,积极推进低碳经济转型具有重要的战略意义。奥巴马认为,发展

可再生能源是“美国复兴和再投资计划”的重要组成部分，在产业政策中对新能源做出了极大倾斜。奥巴马计划利用 3 年时间，使美国可再生能源产量增加 1 倍。据有关专家分析，此前美国的经济增长主要依靠金融业的带动，但就目前来看，短期内金融业再成为美国经济增长的火车头已不可能。美国的实体经济大多已经外包给发展中国家，因此美国必须寻找一个新的产业作为实体经济发展的基础，围绕清洁能源所形成的产业群可能成为美国下一轮经济繁荣的支撑点。

为了促进能源产业的发展，美国加强了能源方面的技术创新，主要包括太阳能、风能、生物质能、地热能、水电等方面的技术创新，并大力发展智能电网、节能建筑、节能型交通工具以及碳处理等技术。在技术研发投入上，奥巴马上任之初，就立即支持能源部 2010 年申请 263 亿美元的资金预算，重点开发降低温室气体排放的可再生能源和替代能源。在资金分布上，清洁能源研发投入和碳回收技术研发投入所占比重较大，分别占总投入的 30%和 30%，基础研究投入占总投入的 23%，节能技术研发投入占 17%。由此可以看出，奥巴马政府在低碳能源技术创新上，走的是全面且有重点的发展路线，这既与美国在低碳经济方面所面临的国际压力有关，又与美国政府历来重视科技创新的政策有关。

(3)发挥碳排放交易制度的优势

从 20 世纪 70 年代开始，美国就开始探索排污权交易制度。1970 年美国政府颁布了《联邦清洁空气法案》，具体规定了美国大气环境质量标准，在排污削减信用的排放权交易制度基础上，建立了“补偿”(Offset)、“气泡”(Bubble)、“银行储备”(Banking)和“容量结余”(Netting)四项碳排放权交易政策，为日后“酸雨计划”的成功奠定了基础。1990 年，美国《1990 清洁空气法案修正案》中建立了“酸雨计划”，确立了排污权总量控制与交易模式，该法案取得了明显成效，成为美国历史上最成功的排污权交易实践。1990—2006 年，美国二氧化硫排放总量下降了 40%。为了有效降低氮氧化物、二氧化硫等大气污染物的排放，2005 年美国制定了以清洁空气州际规划为核心的综合性规划，2008 年美国区域温室气体行动(RGGI)正式启动。

3.1.3　日本的低碳经济

3.1.3.1　日本低碳经济发展背景与现状

(1)发展背景

日本发展低碳经济是客观条件和主观因素综合作用的结果。一方面，日本是一个岛国，四面环海，全球气候变暖可能给日本的农业、渔业和环境带来不利影响。另一方面，日本国土面积狭小，能源资源极度匮乏，作为一个高度发达的工业化国家，许多能源资源严重依赖进口。20 世纪 70 年代，两次石油危机严重影响了日本的经济发展。为了减少对国外能源进口的依赖，日本开始积极寻找替代能源。20 世纪 90 年代，金融危机给日本带来了严重的冲击，大量银行倒闭，泡沫经济破灭，拯救日本经济的有效办法就是发展科学技术。1995 年，日本政府出台了《科学技术基本法》，目的是通过推动科技发展，使日本尽快走出金融危机的阴霾。2008 年国际金融危机给日本经济造成了严重的冲击。为了尽快消除金融危机的不利影响，复苏国内经济，日本加快了构建低碳社会的步伐。近些年，在日本接连出台的重大政策上，重点是低碳经济，尤其重视清洁能源和低碳技术开发。

(2)发展现状

新能源产业发展迅速。日本自然资源匮乏，其石油消费的99.7%、煤炭的97.7%、天然气的96.6%均依赖进口，经济社会发展受国际能源价格波动的影响较大。因此，日本一直十分重视新能源的开发，将开发新能源作为振兴日本经济的根本。鼓励开发太阳能是日本新能源发展的核心战略之一。2009年4月9日，日本政府提出了一项总金额为1540亿美元的经济刺激计划，并首次把发展太阳能产业列入该计划，对环境保护领域的支出为160亿美元。在日本庞大的经济刺激计划中，把投资"低碳革命"作为未来经济增长的三大支柱之一，使日本在低碳技术、太阳能发电、节能、环保车的普及、低碳型物流等方面都达到世界一流水平。

经过多年的努力，日本已成为新能源开发最领先的国家，例如风能、海洋能、地热能、垃圾发电、燃料电池等新能源的开发利用处于世界顶尖水平，尤其是太阳能发电量处于全球首位。日本一家杂志将日本称为"新能源大国"，理由是日本创造1美元GDP所消耗的能源只有美国的37%，是发达国家中能源消耗最少的。日本新能源开发与应用的迅速推广，使其抵御能源危机的能力大大增强。能源价格波动对日本经济的不利影响已经大为削弱，在高油价面前，日本基本上都能冷静面对。过去的30多年中，日本积极实施能源多元化战略，对传统能源的依赖大大降低，新能源在一次能源消费结构中的比例不断提高(见表3-2)。据日本官方预测，到2030年，日本对传统能源的对外依存度由当前的81%降至40%。日本将实现由"耗能大国"向"新能源大国"的转变。

表3-2 日本一次能源消费变化比例(单位:%)

年份 能源类型	1950	1998	2001	2010
煤炭	50	18.1	16.8	22
石油	17	57.3	50.2	42
天然气	—	10.1	13.6	18
水力发电	33	4.6	4.0	3.0
核能	—	9.0	14.4	13
其他可再生能源	—	1.3	1.0	1.0

节能技术处于世界领先地位。由于日本资源匮乏，为了提高资源利用效率，日本十分注重各领域节能技术的开发与应用，这是日本能源效率在世界上处于领先水平的重要原因。在过去的30年中，日本的国内生产总值增加了近一倍，约占全世界的6%，而温室气体排放只占全球排放总量的4%左右，能源效率有了大幅度的提升。这些成绩主要归功于日本节能技术的进步。日本的垃圾处理技术处于世界一流水平，无论是生活垃圾还是电子垃圾，日本都能变废为宝，最大限度地回收利用和循环再利用。此外，日本的太阳能发电技术、污水处理技术、废物循环再利用技术、隔热材料应用等节能环保技术、高效

煤炭火力发电技术等都处于世界领先地位，其中，日本热能发电的效率达到 50%，处于世界最高水平。

3.1.3.2　低碳经济发展目标

(1)提出低碳社会发展战略

日本在低碳社会建设方面之所以取得巨大进步，与日本政府采取的支持和鼓励政策是分不开的。为了节省能源消耗，日本政府在 1979 年就颁布实施了《关于能源使用合法化的法律》，对能源消耗标准做了具体规定。2004 年 4 月，日本环境省发起了“面向 2050 年的日本低碳社会情景”的研究计划，规划了日本 2050 年低碳社会的发展路线图。2006 年 6 月，日本出台了《新国家能源战略》，运用法律手段全面推动节能减排措施的实施。2007 年 6 月，日本内阁制定了《21 世纪环境立国战略》，提出为了实现可持续发展目标，日本要全面推进低碳社会和循环型社会的建设。2008 年 6 月，日本首相福田康夫提出了“低碳社会是日本发展的目标”，即“福田蓝图”。“福田蓝图”强调要大力发展太阳能、风能、水力和生物能等可再生能源，到 2020 年太阳能发电量提高到 2008 年的 10 倍，到 2030 年提高到 40 倍。2008 年 7 月，日本政府提出了《构建低碳社会行动计划》，明确了日本实现低碳社会的目标以及所需要采取的具体行动。2009 年 4 月，日本政府公布了《绿色经济与社会变革》，目的是通过减少温室气体排放，推动日本低碳经济发展。2010 年 3 月，为了尽早实现低碳社会，日本政府成立了“低碳研究推进中心”，该机构主要开展低碳方面的技术示范和实践研究，成为日本建立低碳社会的智囊结构。

(2)加快低碳技术创新

日本十分重视低碳社会建设过程中的技术创新，并将技术创新作为日本保持“新能源大国”地位的根本保障。2008 年，日本经济产业省将 21 项技术列为日本低碳技术创新的重点。在选择这些技术时，主要参考三个标准：一是大幅降低二氧化碳排放的技术；二是日本可以领先于世界的技术；三是对已有的技术进行革新和改进。同年，日本内阁公布了“低碳技术计划”，提出了包括超燃烧系统技术、信息生活空间创新技术、半导体元器件技术、超时空能源利用技术、交通技术等构建低碳社会的技术创新战略。为了推动低碳技术发展，日本政府制定了两个具体措施：一是限制措施。例如，根据日本《建筑材料循环利用法》，房屋改建要循环利用所有建筑材料，因此日本的混凝土再利用技术在世界上首屈一指。二是提供资金补助。日本政府正在计划恢复对购买太阳能发电设备的家庭提供补助，降低中小企业购买太阳能发电设备的门槛。

(3)注重新能源开发利用

早在 20 世纪 80 年代，日本就十分重视包括风电、太阳能、地热能、垃圾发电、海洋能、生物能、燃料电池在内的新能源的开发利用，并且以太阳能的开发利用为核心，计划到 2020 年太阳能发电比增加 20 倍。为了实现这一目标，日本政府一方面致力于太阳能发电的技术创新，降低太阳能发电成本；另一方面增加太阳能开发的政府补贴，力争将太阳能开发利用提升到世界最高水平。为了提高太阳能的比重，日本将不遗余力地打破技术和成本壁垒，到 2020 年将太阳能发电成本降至目前的 1/3，到 2030 年降至目前的 1/6，力争 2020 年将可再生能源比重从 2005 年的 10.5%提高到 20%。自 2012 年 7 月日本实施可再生能源法案以来，日本国内掀起了太阳能发电、风力发电、地热发电等可再生能源发电的热潮。在太阳能发电方面，日本的太阳能技术水平和产业市场化程度都稳居世界首位。2011年福岛核电站事故后，日本加大了在太阳能发电领域的投资和建设力度。截至2013年2月，日本的太阳能发电业务计划已经超过1000万千瓦。

福岛核泄漏事件过后，为了减少对核能的依赖，日本国内掀起了一场发展清洁能源的热潮。为此，日本制订了风电计划，在福岛近海地区建设第一座海上浮力式发电站，解决该地区的能源问题，帮助灾区的重建和就业。此外，日本还加大对清洁能源的投资力度，从2014年4月1日起，日本可再生能源投入达到1981亿日元（约18亿美元），用来扩大清洁能源安装量，以实现能源结构的多元化。

3.1.4 俄罗斯的低碳经济

3.1.4.1 俄罗斯低碳经济的发展背景与现状

(1)发展背景

俄罗斯是世界能源大国，其天然气储量占世界总储量的35%，石油储量占12%。油气出口为俄罗斯带来了巨大的财富，丰富的能源资源成为俄罗斯经济增长的主要推动力和支撑大国地位的重要物质基础。自经济转轨以来，俄罗斯政府十分重视能源产业发展，能源产业成为俄罗斯财政收入和经济增长的支柱。作为战略性主导产业的能源工业在俄罗斯经济转轨中发挥了巨大作用，尤其是在经济危机中，能源产业一直保持了较高的增长速度，并率先走出危机，保证了俄罗斯经济持续增长和财政收入稳定。但能源产业在发挥积极作用的同时，也对俄罗斯经济发展产生了消极影响。长期以来，俄罗斯能源产业发展呈现明显的资源依赖型特征，即能源消费增长过快，能源利用效率低，能源高碳化现象严重。不合理的投资政策导致俄罗斯能源产业超常发展，产生了诸多不良后果，如经济增长方式进一步粗放化、经济增长质量低度化、产业结构更加畸形化、生态环境日益恶化等。随着经济转轨的深化和经济快速发展，俄罗斯已成为世界第三大二氧化碳排放国，面临着经济发展与环境保护的双重压力。

(2)发展现状

经济快速增长以能源大量消耗为代价。2010年，俄罗斯凭借巨大的资源储量成为世界第一大能源供应国，同时也是位居中国、美国、印度之后的世界第四大能源消费国。整个20世纪90年代，俄罗斯大多数工业产品的成本比美国高1.7倍，比日本高1.8倍。其中，燃料、电力消耗比日本、意大利等国高3～4倍。20世纪90年代以来，俄罗斯单位GDP耗能增加了31%，耗电量增加了30%～32%，耗水量增加了20%以上。近年来，俄罗斯经济快速发展。2011年，俄罗斯国内生产总值为18500万亿美元，同比增长4.2%；人均国内生产总值为1.4万美元，已步入中等国家收入行列。俄罗斯经济发展对能源的依赖程度较高，其经济高速增长的背后是惊人的能源消耗。2008年，俄罗斯每万美元国内生产总值耗能为15.9吨标准油，是世界平均水平的5.41倍，是美国的8.11倍、英国的13.47倍、日本的16.56倍。2000—2009年，俄罗斯国内生产总值增长超过50%，而能源需求仅增长5%。尽管俄罗斯单位GDP耗能有所降低，但其仍是经合组织成员国平均水平的2倍。如果俄罗斯的能效达到经合组织成员国的水平，每年至少可节省2亿吨石油，相当于俄罗斯每年耗能的 28%(2010 年俄罗斯能源消费为 6.91 亿吨标准油)，这些能源可满足整个英国一年的需求。

俄罗斯的能源消耗主要集中在住房公用事业、工业和交通运输等领域，它们占俄罗斯能源消费总量的比重分别为 35%、29%和 21%。因为地理位置缘故，俄罗斯冬季供暖占了能源消耗的一大部分。为了减少能源损耗，俄罗斯在全国范围内普遍采用热电联产的方式进行供暖、供电。然而，广阔的领土面积使得这种做法不仅没有达到节能的效果，反而因上万公里的传输距离使大约 30%的热能、11%的电力在传输过程中被损耗掉。再加上许多供暖设备和管道都已老旧不堪，更影响了输送效果。2000—2008 年，俄罗斯交通领域的能源需求年均增长 3.4%，增幅高于其他领域，其主要原因是俄罗斯的汽车数量增长迅速。2009 年每千人拥有汽车 220 辆，按照目前的增速，到 2020 年将达到每千人 300 辆。俄罗斯每辆车每百公里的汽油消费量为 13 升，而经合组织成员国的平均水平为 8 升，也就是说，俄罗斯每年要多消耗掉 1200 万吨石油。

能源的大量消耗造成温室气体排放量持续上升。1990—2009 年，俄罗斯的温室气体排放量呈先下降再缓慢上升的趋势(如图 3-1 所示)。1990—1998 年为温室气体排放量迅速减少阶段，这一阶段俄罗斯的“激进式”经济转轨导致经济水平急剧下降，国内生产总值下降了 42.56%，能源消费量与温室气体排放量也随之大幅减少。1992 年，俄罗斯的温室气体排放量高达 21.45 亿吨，而到 1997 年下降到 16.53 亿吨，仅 5 年时间就下降了 22.94%。1998 年以来，俄罗斯经济快速增长，大规模的工业化生产和高碳能源的使用，导致温室气体排放显著增加；2001 年，俄罗斯二氧化碳排放量为 4.403 亿吨，比 1997 年增加了 11.6%；2004 年温室气体排放量仅相当于 1990 年的 67.6%；2008 年，俄罗斯温室气体排放量为 18.36 亿吨，比 1998 年增加了 11.68%；2010 年俄罗斯碳排放量为 16.89 亿吨，占世界碳排放总量的 5.04%，居全球第 4 位。

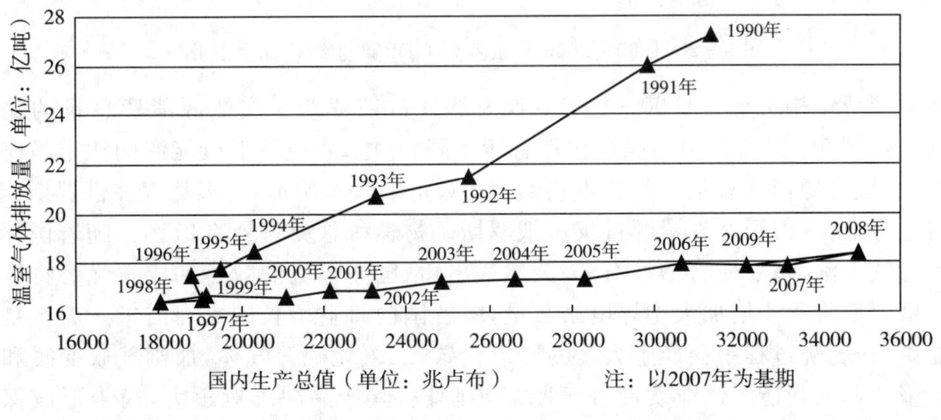

图 3-1　1990—2009 年俄罗斯温室气体排放量和国内生产总值

能源利用效率低。俄罗斯的经济增长以丰富的能源资源为支撑，在发展中一直忽视了“节能与提高能效”这一重要问题，其结果是俄罗斯的能源效率严重落后于发达国家和新兴经济体。20 世纪 90 年代，俄罗斯总能源效率下降了 16%，其中电能效率下降了

30%～32%。联合国发展计划的一份报告指出，2006年俄罗斯的能源强度是全球平均水平的2.5倍。目前，俄罗斯的能源效率比美国低5倍，比日本低12倍，约有1/3的燃料能源被浪费或没有被有效利用。俄罗斯低效能源利用中建筑业和工业占1/3，住房公用事业占1/4，交通运输和农业占1/10。2011年，日本野村控股公司根据世界各国每增加100万美元GDP所消耗的石油量，制作出一份“全球能源低效国排行榜”，其中，俄罗斯以GDP每100万美元1952吨的耗油量高居榜首。由于科研投入不足，俄罗斯的可再生能源利用率很低，可再生能源发电仅占全国发电总量的1%。

俄罗斯产业结构不合理是造成能源效率偏低的主要原因。俄罗斯转轨以来，农业严重衰退，其在国民经济中的比例大幅下降。1990年农业在GDP中所占的比重为17%，到2006年下降到5.2%。1990年工业在俄罗斯GDP中所占的比重为48%，2006年下降到36%。工业内部比例失调，轻重结构不合理。机器制造和金属加工占工业生产的22%，燃料工业占20%，而高科技和消费品的生产所占比重较小，轻工业（如纺织业等）在工业生产中的比重不到1.5%（2007年）。1990年服务业在GDP中所占的比重为35%，自1995年起总体呈上升趋势，其比重在2002—2006年提高到约60%。1990—2006年俄罗斯GDP产业结构比重变化如图3-2所示。

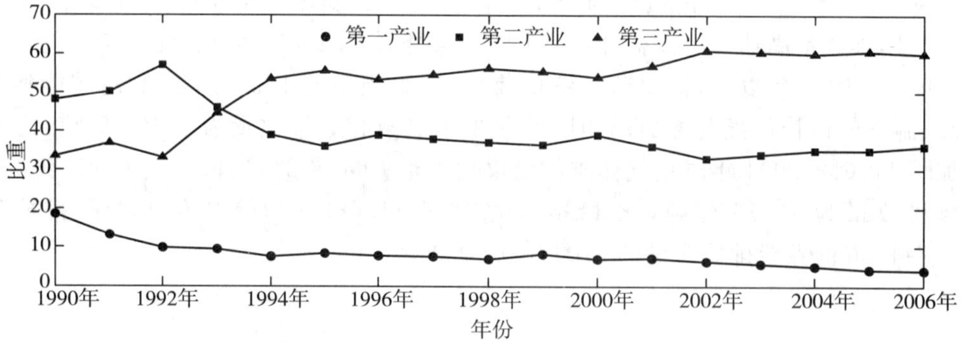

图3-2　1990—2006年俄罗斯GDP产业结构比重变化

能源消费结构失衡。1990—2011年，天然气占俄罗斯一次能源消费总量的比重从43.9%增长到55.8%，石油和煤炭比重有所下降，核电、水电等低碳能源的比重虽略有上升，但在一次能源消费总量中的比重仍然很低（如图3-3所示）。天然气在俄罗斯能源消费中占主导地位，但天然气资源量仅占俄罗斯矿物燃料总资源量的27%。随着国际能源价格的持续上涨，俄罗斯将增加石油、天然气出口，国内煤炭的效益和成本优势将进一步显现。俄罗斯将逐步增加大型煤电站数量，缓解国内日益增长的电力需求。煤炭是一种高碳能源，在燃烧过程中会产生大量的二氧化碳、二氧化硫等气体，加剧气候变暖和环境污染。俄罗斯的新能源产业发展处于刚起步阶段，其产品缺乏竞争力，尚未形成保护独立的生态清洁能源生产商利益的经济体制。尤其是电力市场开放程度较低，还未建立类似于欧美国家那样的可再生能源电量费用补偿机制和税收减免制度。

高耗能、高排放和过度开采对环境造成难以估计的影响。1990年，俄罗斯天然气工业股份公司各企业向大气排放有害物质达538.4万吨，其中俄罗斯境内达323万吨，60%的有害物质以上为天然气，主要为甲烷，同时还有氧化物等温室气体。俄罗斯经济

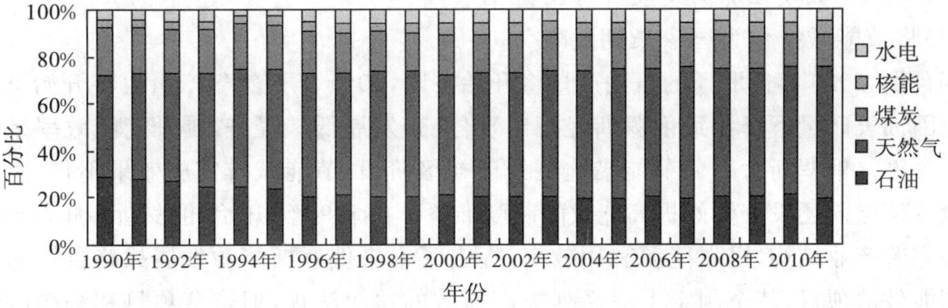

图 3-3　1990—2011 年俄罗斯一次能源消费结构

转轨导致经济水平急剧下降，温室气体排放量也随之大幅减少。1990 年俄罗斯温室气体排放量为 30.4 亿吨，占全球的 17%，居世界第 3 位。1992 年，俄罗斯的二氧化碳排放物高达 5.7335 亿吨，而到 1997 年二氧化碳排放物下降到 3.947 亿吨，仅 5 年时间就下降了 31%。近年来，俄罗斯经济快速增长，二氧化碳排放显著增加，但其排放量仍远低于 1990 年的水平。俄罗斯当前的温室气体排放量尚未达到 1990 年的水平，根据加入《京都议定书》的条件，俄罗斯 2008—2012 年间的温室气体排放量应不超过 1990 年的水平。

近十多年来，俄罗斯环境污染和生态破坏加剧，环境状况不容乐观。石油和天然气开采业是主要的污染源。由于环保标准低和执法不严等原因，俄罗斯管道泄漏和油轮泄漏事故不断发生。据绿色和平组织 2000 年 4 月 25 日报道，俄罗斯石油工业每年因泄漏损耗 2000 万吨原油，相当于年产量的 6%。天然气工业的情况也很糟糕，每年从天然气管道和天然气井泄漏到大气中的天然气有 500 亿立方米。据俄罗斯工业和能源部报道，每年与石油和天然气有关的污染事故就有 3 万～5 万起。

俄罗斯的金属冶炼中心诺里尔斯克和武器制造基地捷尔任斯克是俄罗斯污染最严重的地区。据统计，约 60%的俄罗斯人生活在对健康有害的环境中，每年有数万人死于环境污染。2012 年 2 月 9 日，俄罗斯自然资源部公布了一份俄罗斯空气污染水平最严重的城市名单，共有 36 个城市被认为不符合生态环保，其中包括首都莫斯科。《俄罗斯联邦 2010 年环境及环境保护状况》显示，莫斯科废弃物排放量上涨了 7%，用水量增加了 1.5 倍。同时被列入"最脏名单"的俄罗斯城市还有亚佐夫、巴尔瑙尔、伏尔加格勒、罗斯托夫、索利卡姆斯克和特维尔等。

俄罗斯由于地质勘探工作和矿藏开采对环境所造成的损失每年超过 72 亿美元，2002 年初，受到破坏的土地面积已增加到 58 万公顷。对各种矿床的不合理开采，严重破坏了地下结构，造成大片沉陷区；对地表资源的开发破坏了地面植被，导致生物多样性减少；矿产品的初加工产生大量粉尘和有害气体，对人体健康造成危害。此外，随着俄罗斯西伯利亚地区的油气日益枯竭，必须在东西伯利亚和北冰洋大陆架开发新的油气田，开采难度加大及技术落后使油气生产成本逐渐上升。沙特阿拉伯生产一桶石油成本仅为 1 美元左右，海湾国家为 4 美元，"欧佩克"国家为 1～3 美元，经合组织成员国为 4～8 美元，而俄罗斯高达 15 美元。随着油气田地质勘探工作向俄北部地区转移，目前新投入的许多油气田都处于永久冻土地带和高寒地区。这些地区经济发展落后，资金匮乏，能源基础设施建设滞后；勘探开发技术难度加大，开采条件日益恶化。

3.1.4.2 低碳经济的发展目标及措施

(1)将节能减排作为国家长期战略

据预测,2020年俄罗斯的石油产量将开始下降,2040年天然气产量也将开始下降。为了避免因油气产量下降导致俄罗斯经济出现停滞,发展低碳经济,提升能源效率是解决该问题的关键。俄罗斯大部分节能措施还处于初级阶段,节能减排实施效果不佳,主要原因在于俄罗斯当前还没有做好提高能效的制度准备。自1990年开始,俄罗斯各届领导人都提出过要完善产业结构,提高能源利用效率,提出了未来俄罗斯能源发展战略目标和联邦专项提高能效的项目,甚至制定了一系列提高能效的法律法规,但这些项目和法律由于国家监管部门体系不健全、财政拨款力度不够、公民节能与提高能效意识淡薄等原因一直未得到贯彻执行。另外还有很多潜在的问题,如能源价格过低、金融基础薄弱、权责划分不明确、立法程序复杂等,这些阻碍了节能政策的全面贯彻执行。

在低碳经济背景下,俄罗斯政府在节能减排方面陆续出台了一系列政策,为提高能效创造良好的制度环境和建立有利于资源节约的市场机制。俄罗斯能源政策的战略重点是保障国家能源安全、生态安全、能源效益和财政收入。为此,2003年8月28日,俄罗斯联邦政府批准通过了《2020年前俄罗斯能源发展战略》,该文件的主要目的是保障国内经济对能源的需求,降低单位GDP能耗,减少能源开发对环境的影响。根据该能源战略估算,俄罗斯有能力在现有能源消费中再节省39%～47%。为了加速能源工业的发展并保障国民经济对能源的需求,俄罗斯联邦政府于2009年8月27日批准了《2030年前俄罗斯能源战略》,以取代《2020年前俄罗斯能源发展战略》。新能源战略提出了俄罗斯燃料能源部门发展的“三阶段论”。第一阶段(2013—2015年)的主要任务是应对金融危机,增加能源出口;第二阶段(2015—2022年)的主要任务是在发展燃料综合体的基础上提高能源效率,2030年前将能源消耗降低到3亿当量;第三阶段(2022—2030年),将能源发展重心转向非常规能源,主要是核能和可再生能源。2030年前,俄罗斯非常规能源发电量将不少于800亿千瓦时,占全国总电量的比例由2008年的32%增加到38%。

(2)通过技术进步提高能源效率

目前,俄罗斯在石油开采与加工、能源消费、电力生产以及提高能效、节能、环保工艺等方面均落后于发达国家,而且差距在不断拉大。丰富的能源资源成了俄罗斯落实节能政策和发展节能科技的最大阻力。对原有模式的路径依赖,忽视了技术创新能力的培育,而随着资源开发殆尽,其发展模式的转型将更加困难。进入21世纪以来,随着俄罗斯经济转轨的逐步深化,资源经济的潜力已经发展到极致,发展低碳经济成为俄罗斯强国富民的必然选择。

节能减排是俄罗斯经济持续发展的内在要求,这一举措能够使俄罗斯在2015年前节省5100万吨标准燃料,到2020年将节省9400万吨标准燃料。俄罗斯自2002年起开始采取一系列节能增效措施,例如,大量使用“绿色技术”,构建节能型经济发展模式;对高耗能、高污染、高排放企业技术设备进行升级换代;利用自己的碳市场配额吸引国际游资基金投入专项生态项目;加快对煤炭、石油等传统能源产业的升级改造,提高石油产品质量和污染物的排放指标;发展清洁能源和环保技术,保障能源的合理生产和利用。然而,提升能源效率的成本也是十分惊人的,据国际金融公司估算,将俄罗斯的能源效率提升到一个令人较为满意的程度，至少需要耗资 3200 亿美元。

(3)大力发展可再生能源产业

俄罗斯可再生能源潜力巨大，其年开发潜力达到 45 亿吨标准燃料，且俄罗斯境内每个地区都有自己独特的非化石资源，尤其在俄罗斯南部地区，有丰富的水力资源、风能、地热能和太阳能。根据《2020 年前俄罗斯能源发展战略》，俄罗斯将核能、水电、风电和太阳能作为新能源的优先发展方向。

核能。俄罗斯是世界核技术领先的国家，在核能领域有明显优势，核电产业已成为俄罗斯的支柱产业之一。俄罗斯政府将大幅度提高核能在电能生产中的比例，并计划投资建设新核电站。2010 年，俄罗斯政府国内核电站建设预算拨款 680 亿卢布(约合 10.7 亿美元)。在扩大国内核电规模的同时，俄罗斯也在积极拓展国际核电市场，提高俄罗斯在世界核能市场上的地位。俄罗斯总理普京曾强调，俄罗斯完全有能力将其在国际核电站建设和运营市场上的份额由目前的 16%提高到 25%。

水电。随着俄罗斯经济的快速发展，其用电需求增长迅速，从 2011 年的约 10000 亿千瓦时增长到 2018 年的 11752 亿千瓦时，增长 17.5%，年均增长 2.33%。水电在俄罗斯电力供应中起到很大的作用，被视为保证国家电力系统可靠性的关键因素。俄罗斯已投入的水电装机容量为 49.7 吉瓦，其中装机容量大于 10 兆瓦的水电站有 85 座。

风电。俄罗斯拥有世界上最大的风能潜力，据俄罗斯风电工业协会 2012 年 4 月公布的报告显示，如果俄罗斯计划中的 46 个风电项目都能够得到落实，其风电装机容量将超过 5 千兆瓦。

太阳能。俄罗斯的太阳能开发起步较晚，2007 年才建成第一座太能发电厂。国土面积世界第一的俄罗斯拥有发展太阳能的独特优势，俄罗斯南部、贝加尔边疆区、滨海边疆和整个远东地区光照资源充沛，这些电网难以到达的地区能够在短时间内建造太阳能发电厂，从而有效解决能源供给问题。据能源专家估算，俄罗斯有 30%的土地可用来发展太阳能，太阳能年均发电潜力达 18.7 亿千瓦时。

目前，全俄发电总量为 10148.7 亿千瓦时，但利用可再生能源的发电装置与电站的总装机容量不到 2200 兆瓦，每年可再生能源发电量不到 85 亿千瓦时，仅占全俄发电总量的 1%。俄罗斯 2013 年的电能消耗量为 10646 亿千瓦时，比 2011 年的实际消耗量高 4.1%，比 2012 年的实际消耗量高 2.1%。其中，居民电能消费总量预计为1464 亿千瓦时，比 2012 年的计划量高 1%。

(4)实行能源企业的对外开放

能源企业对于俄罗斯具有特殊的战略意义，关系到俄罗斯能源供应安全和经济稳定，因此俄罗斯将在坚决维护自身利益的前提下，对能源企业的对外开放进行审慎考量。随着俄罗斯经济自由化的发展，俄罗斯实行能源对外经济活动的非歧视制度，即允许俄罗斯的能源公司进入国外能源市场和金融市场，借鉴国外能源公司先进的管理经验，获取先进的能源工艺技术；在互利的条件下，吸收合理规模的外国投资进入俄罗斯能源领域，解决能源企业资金不足的问题。2008 年国际金融危机后，俄罗斯政府提出了国有资产私有化战略，其利用外资的条件大大放宽。外国企业已经参与到俄罗斯能源企业的私有化进程中来，为俄罗斯带来了先进的节能技术和高新的节能设备，提高了能源企业的活力和效率。

(5)积极开展国际能源领域的合作

俄罗斯积极参与国际能源市场的合作与竞争,努力从单纯的原料供应者转变为在国际能源市场上执行独立政策的重要参与者。近年来,俄罗斯积极与欧盟、美国和国际组织在提高能效方面开展合作。为了引进外资,促进节能项目发展,俄罗斯政府与欧洲复兴开发银行(EBRD)开展合作。从2008年开始,欧洲复兴开发银行已经为俄罗斯的节能项目投资了10.9亿美元。2009年10月,俄罗斯出台了在能源效率领域与英国进行合作投资的方案,双方签署了一项有关联合能源效率投资的谅解备忘录。2009年11月18日,在斯德哥尔摩的欧盟-俄罗斯峰会上,欧盟与俄罗斯领导人一致表示,双方将进一步深化在应对气候变化和能源等领域的合作。2010年4月,俄罗斯 Enel-5 发电有限公司获得了来自欧洲投资银行的2.5亿欧元(2.76亿美元)贷款。这是第一笔欧洲机构提供给俄罗斯能源企业的贷款,目的是提高俄罗斯火力发电的效率。俄罗斯与美国致力于能源效率、智能电网技术和清洁能源方面的合作,俄美两国在能源效率提升方面具有巨大的合作潜力。2012年5月23日,俄罗斯向经济合作组织递交了俄罗斯正式加入经合组织核能署(NEA)的文书,俄罗斯将成为经合组织核能署的第31个成员国。俄罗斯加入该组织的目的是通过国际合作来维护和开发相关的科技和法律基础,从而促进核能的安全性、环保性及经济性。

3.2 低碳经济对全球经济发展的影响

全球气候变暖给人类生存和发展带来了严峻的挑战,发展低碳经济成为各国应对气候变化的基本途径。国际金融危机加快了各国低碳经济转型的步伐,低碳经济成为未来世界经济发展的新动力、新方向。随着低碳经济理念和实践在全球的迅速推广,低碳经济将对全球经济产生重大而深远的影响。

3.2.1 低碳经济将推动全球产业结构和能源结构调整

3.2.1.1 推动全球产业结构调整

第一,能源消费成本的提高将在一定程度上改变不同生产要素之间的构成,从而影响全球产业结构。随着节能减排工作的推进,能源消费结构不断优化,化石能源消费减少,清洁能源消费增加,将提高能源消费成本,并且成本的上升幅度取决于化石能源与清洁能源之间的比例。以英国为例,为了达到2050年在1990年的基础上减排80%的目标,在未来10年内,英国需要关闭数十家煤炭发电企业,约1/3的发电能源需要替换。为此,英国政府需要投资900亿~2000亿英镑,家庭消费支出将提高60%。另外,《美国清洁能源与安全法案》的实施,将使国内能源成本上升20%~30%。在一定条件下,能源消费成本的提高对不同经济体的影响不同。比如,某一国家或地区劳动力成本较高,当能源消费成本增加后,其高劳动力成本的劣势就会相对减弱,而能源资源丰富的经济体在该方面的优势就可能消失。

第二，低碳经济发展对不同类型国家产业结构的影响不同。在农业社会，落后的经济发展水平决定了工业不可能占较大的比例。步入工业社会后，工业在国民经济中的比重不断提高并占据主导地位。到了后工业化阶段，服务业取代工业成为国民经济的主导产业。发达国家的产业结构演进与其经济发展阶段基本上是一致的。经历了多年的工业技术洗礼，发达国家产业结构也经历了多次大规模调整。多数发达国家已经完成了（或正在进行）从高碳经济向低碳经济的转变，尤其是英国、美国、日本等发达国家，在低碳法律制度、能源政策、资金投入、技术研发等方面在世界上处于领先地位。它们运用先进的能源技术，以产业集群的方式建立起低碳产业结构。而多数发展中国家正处于工业化发展的初级或中级阶段，工业在国民经济中的比重在当前还有未来相当长的一段时期内占主导地位。只有到了后工业化阶段，经济发展到较高水平，技术密集型和信息密集型的服务业才能在国民经济中占主导地位。因此，发展中国家当前高能耗、高污染、高排放的重化工业比重不仅不会降低，而且还会随着工业化进程的推进而不断提高。由于发展中国家不具备技术、管理、成本方面的优势，不能像发达国家那样，通过发端高端服务业实现低碳发展。因此，在一定时期内，发展中国家以重化工业为主的产业结构很难发生根本性的改变。

3.2.1.2　推动全球能源结构调整

不同国家的能源生产结构和消费结构各不相同，能源资源禀赋在很大程度上决定了一国的能源生产结构和消费结构。影响一国能源生产结构的主要因素有资源品种、储量水平、空间分布、可开发程度、能源开发及利用的技术水平等。在能源供应基本稳定、能源供应基本自给的基础上，能源生产结构决定着能源消费结构。能源资源贫乏的国家或地区，能源产品主要依赖进口，其能源生产结构和消费结构取决于产品来源、保证程度及相互替代的经济性。目前，在全球能源消费结构中，煤炭、石油、天然气等化石能源占总能源比重的 87%。在世界能源消费以化石能源为主的条件下，如果能源消费结构不调整，就会发生能源危机。煤炭资源储量虽然较丰富，但也不是取之不尽的，并且因煤炭使用而产生的环境问题也日益严重。人类使用化石能源的经济成本越来越高，技术要求越来越强。因此，出于对能源可持续利用的考虑，各国把开发利用可再生能源作为应对气候变化的重点。随着低碳经济的发展和先进节能技术的使用，能源消费结构不断优化。目前，全球能源消费以石油和天然气为主，在发达国家的一次能源消费结构中，石油和天然气占较大比重；在发展中国家的一次能源消费结构中，煤炭占较大比重。图 3-4 给出了 2012 年世界主要国家的能源消费结构。

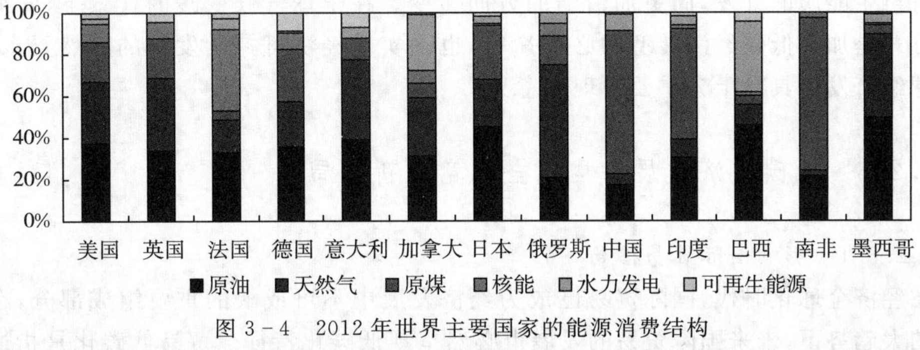

图 3-4　2012 年世界主要国家的能源消费结构

能源消费结构随着城镇化发展而不断演进。能源是城市的血液，它驱动着城市的运转，现代化程度越高的城市对能源的依赖性越强。随着工业化、城镇化进程的加快和居民收入水平的提高，人们会对能源消费结构提出新的要求。越来越多的农村居民转移到城镇后，意味着原来的非商品能源（如薪柴、秸秆等）将被电力、气体燃料等商品能源所取代，而且人们更倾向于消费清洁、方便的电力。因此，城镇化水平的提高，将导致更多的人口消费更多的商品能源，从而减少薪柴、秸秆、煤炭等能源的使用。一般来讲，城镇化水平高的地区人均能源消费量要明显高于城镇化水平低的地区，并且能源结构也更为优质、高效。

3.2.2 低碳经济将促进全球经济发展方式转变

经济发展方式是指经济增长中各种生产要素的组合方式以及各种要素组合起来共同推动经济增长的方式。粗放型经济增长方式主要通过扩大投资规模、增加能源资源的消耗来实现经济的快速增长，导致经济效益低下、资源浪费严重、产业结构不合理、生态环境问题突出等一系列问题。粗放型经济增长方式主要是扩大投资规模和增加生产要素投入，带来较高的经济增长速度，但却为此付出了较大的代价，在人与自然、人与社会、经济增长与经济发展之间了产生矛盾。从长远角度来看，这种以牺牲环境为代价的粗放型经济增长方式必将对经济可持续发展产生深远影响。因此，转变经济发展方式，走低碳经济发展道路，是应对气候变化、解决环境污染问题的现实需要，更是实现经济可持续发展的必然选择。

20 世纪 70 年代，随着全球能源资源危机和环境问题的加深，发达国家开始调整产业结构，大力发展可再生能源产业，将转变经济发展方式作为提高能源利用效率、保护环境和缓解能源短缺的重要手段。国际金融危机后，以美国为代表的发达国家纷纷开始调整经济政策，加快了向低碳经济转型的步伐。发展中国家传统的粗放型经济增长方式已不能顺应低碳全球化的发展潮流，向低碳经济转型成为必然选择。发展低碳经济是人类对经济增长方式的一次新变革，它将推动人类经济由高碳能源向低碳能源的转变；使经济增长从主要依赖能源资源和其他要素投入的外延型增长方式向主要依赖科技创新和提高能效的内涵型增长方式转变；使经济结构随着经济规模的扩大和收入水平的提高，向高附加值、高质量的方向转变；由单一产品竞争向产业链竞争转变；使能源结构随着新能源和可再生能源的开发，向更加清洁的方向转变。在全球气候变暖的背景下，转变经济发展方式是加快低碳经济转型的必要途径，也是实现经济可持续发展的必然要求，对推动全球经济发展具有十分重要的现实意义。

3.2.3 低碳经济发展将构筑全球竞争新格局

3.2.3.1 影响国际贸易格局

在经济全球化时代，国际贸易已成为经济发展中不可或缺的重要组成部分，在低碳经济的大趋势下，未来国际贸易的发展也必然呈现低碳化特征。贸易低碳化是指通过发展低碳经济，建立以低耗能、低污染、低排放为基础的贸易增长模式，或是采用出口商品“碳足迹”显著减少的贸易增长方式。低碳经济将对国际贸易格局产生重大影响，主要表现在三个方面：一是商品贸易格局的调整。在能源的生产和消费上，传统能源在国际贸易中的比重将不断下降，而新能源在国际贸易中的比重日趋上升；在产品的生产和消费上，高能耗、高污染、高排放商品在国际贸易中的比重不断下降，而低碳产品的比重日趋上升。二是地区贸易格局的变化。当前，发达国家已经完成了从高碳经济模式向低碳经济模式的转变，它们运用先进的节能技术生产出低能耗、低污染、低排放的产品。发达国家的这些低碳环保产品在国际贸易竞争中处于有利的地位，对正处于高碳经济中的发展中国家的产品形成巨大的冲击，将导致国际贸易格局的重塑和调整。三是低碳经济将引领新一轮科技革命，低碳技术革命将在第四次技术革命（又叫新能源科技革命）中扮演举足轻重的角色。低碳经济发展将导致低碳技术在全球范围内的转让，推动全球社会生产力的巨大进步。

3.2.3.2　影响国际经济格局

国际分工是以国家为基本单位，以比较优势为基础的产业间贸易分工，这种优势来源于自然禀赋或技术的差异。低碳经济的发展将改变国际分工中原有的资本、劳动力、技术以及自然资源等要素构成，使各国在国际分工中的比较优势发生变化。近20多年来，发达国家主要致力于发展以信息服务业和现代金融服务业为代表的虚拟经济，将以制造业为核心的实体经济转移到了发展中国家，在此过程中，发达国家在实体经济中的优势逐步消失。与此同时，以中国为代表的发展中大国的经济实力不断增强，对发达国家的经济竞争力造成了明显的冲击。一方面，应对气候变化、保护环境、促进经济可持续发展引发了发达国家向低碳经济转型的自主动力；另一方面，由于发达国家大多数是低碳和清洁能源技术大国，很可能会利用减排指标、气候变化税、碳市场、碳信用等来主导全球低碳经济革命和新能源市场，限制发展中国家的高碳商品和产业，同时通过提升全球环境贸易标准，实现其低碳产业垄断的目的，重新拉大与发展中国家的经济竞争距离。

发达国家凭借其在低碳经济领域技术创新的显著优势，加快推进从高碳经济向低碳经济的战略转型，从国家政策、市场经济理念到经济技术水平都已跨越原有的高碳模式进入低碳经济时代。它们力图通过发展低碳经济抢占未来经济发展的制高点，掌握低碳经济“游戏规则”的主导权，而正处于“高碳经济”发展道路上的发展中国家则远远落在后面。发达国家已经步入后工业化时代，它们对化石能源的依赖逐步降低，将能源战略的重点转向能源的高效利用和清洁能源开发。欧盟和美国积极鼓吹和大力发展低碳经济，主要目的是降低对石油、煤炭的依赖，使能源出口大国失去制约他国的竞争优势，进而减少其在世界政治经济中的话语权。

低碳经济背后实际上是能源使用技术、全球气候变化规则制定权的争夺。长期以来，发达国家一直掌握着国际准则的制定和修订的主动权。近些年，以美国为代表的发达国家开始致力于建立低碳经济的全球规则，力求主导未来低碳经济的发展方向。英国是最先提出低碳经济的国家，欧盟最先建立起对碳排放进行严格管制的政策体系，并通过全球范围的气候外交活动，试图主导低碳经济“游戏规则”的制定权。美国也不甘落后，奥巴马总统宣称，美国要成为全球应对气候变化的“领导者”，成为低碳经济规则的制定者。如果美国成功主导低碳技术创新和低碳产业,那么,它所能获得的经济利益将远远超过信息技术创新和金融创新曾经为美国带来的巨大利益的总和。日本也将发展低碳经济作为提升其综合竞争力的重要途径。中国、印度、巴西等发展中国家也希望以低碳经济为契机获得该领域的话语权。各国争先抢占低碳经济发展先机的根本目的是为本国经济发展争取更多的机遇,其本质是各国政治利益的博弈。

3.2.4 低碳经济推动全球碳交易发展

碳交易(Carbon Trading)即温室气体排放权交易,是指为了应对全球气候变化,将减少以二氧化碳排放为主的温室气体纳入市场经济体制框架。1997 年 12 月通过的《京都议定书》中,把市场机制作为解决温室气体减排问题的新路径,其实就是把二氧化碳排放权作为一种商品,在碳市场上进行交易,简称“碳交易”,其中交易的市场称为“碳市场”(Carbon Market)。碳交易的形成机制和基本原理是:由于不同国家或地区在能源结构、能源技术、能源效率等方面存在差异,导致同一减排量在不同国家的减排空间和减排成本不同,这种价格差促使碳交易市场的形成;合同的一方通过支付另一方获得温室气体减排额,买方可以将购得的减排额用于减缓温室效应,从而实现其减排目标。碳交易分为配额交易和自愿交易,配额交易是一种强制性的减排手段,国家或地区的碳排放总量不得超过配额数量,当超过该标准时,需要通过碳交易市场购买配额,而碳排放较少的国家或地区可以出售自己的剩余配额;自愿交易不依赖于法律进行强制性减排,因此缺乏统一的认证和管理,但其实施具有很大的灵活性。

2005 年 2 月,随着《京都议定书》正式生效,碳排放权成为一种国际商品,并吸引越来越多的投资银行、对冲基金、私募基金以及证券公司等金融机构参与。与碳排放交易相关的远期产品、期货产品、掉期产品及期权产品大量涌现,国际碳排放交易进入快速发展阶段。世界银行公布的数据显示,2004 年全球碳排放交易总额不到 10 亿美元,到 2011 年全球碳排放交易市场规模达到 1760 亿美元,与 2005 年正式引入碳排放权交易制度时的 108 亿美元相比,增长了 15 倍以上。按照这一发展速度,碳交易将成为全球规模最大的商品交易市场。目前,欧盟的碳交易市场规模最大、发展最快。2011 年,欧盟碳排放交易市场规模达到 1480 亿美元,占全球的 84%,在全球碳排放交易市场中占主导地位。随着碳排放权市场规模的不断扩大和碳要素的跨国流动,碳排放权的交易将在一定程度上取代一部分货物贸易,成为一种新型的贸易方式,从而改变国际贸易的商品结构和贸易方式。

《联合国气候变化框架公约》和《京都议定书》是碳排放交易的法律依据,也是碳资产出现的根本原因。在环境容量有限的前提下,人们的温室气体排放行为受到政府环保政策的约束和限制,由此导致碳排放权和减排额度成为一种稀缺的有价产品,即碳资产(Carbon Asset)。碳资产既可以是有形资产,也可以是无形资产,包括低碳经济领域可以适用的储存、流通或财富转化等形式。2005 年生效的《京都议定书》规定了《联合国气候变化框架公约》(UNFCCC)附件一“发达国家的减排责任”,即在 2008—2012 年将其温室气体排放量在 1990 年的水平上平均削减 5.2%。其中,欧盟削减 8%,美国削减 7%,日本削减 6%,而发展中国家没有责任。此责任因此产生了碳资产在世界各国的分布不同。碳资产这种逐渐稀缺的资产在《京都议定书》规定的发达国家与发展中国家"共同但有区别的责任"前提下,出现了流动的可能性。

碳交易是虚拟经济与实体经济的有机结合,代表未来世界经济的发展方向。作为低碳经济发展的产物,碳交易将主导未来世界经济的发展,在引领经济增长方式转变和节能减排中,具有不可替代的作用。以往的实践和经验证明,仅仅依靠政府的强制性减排或企业、个人的努力无法实现真正的减排目的,必须引入市场机制。碳交易是借助市场经济框架解决气候变暖和环境污染问题的有效方式。通过这种方式,碳交易把应对气候变化的环境问题、减少碳排放的技术问题和可持续发展的经济问题紧密联系起来,利用市场机制来解决环境、技术、经济这一复杂的综合性问题。碳交易的本质是一种金融活动,但它又不同于一般的金融活动:一方面,碳交易将金融资本与绿色技术以直接投资或间接投资的方式投到企业,与实体经济紧密相连;另一方面,随着碳金融市场上进行碳交易企业数量的不断增加,将出现更多的碳金融产品以及衍生品。

3.2.5　低碳经济使发展中国家面临更大挑战

3.2.5.1　发展中国家的减排压力要远远大于发达国家

纵观历史,全球气候变化主要是由工业革命以来人类活动特别是发达国家工业化过程中的生产活动造成的。据美国橡树岭国家实验室研究报告,自 1750 年以来,全球累计排放二氧化碳超过 10000 亿吨,其中发达国家排放约占 80%。发达国家在 20 世纪就已经完成了工业化和城镇化的历史任务,人民生活和基础设施建设已达到较高水平,高耗能产业在国民经济中所占的比重不断下降,第三产业在经济中占主导地位,发达国家步入了低消耗、低排放、低污染的后工业化阶段。目前发达国家约 70%的碳排放来自电力部门和居民消费部门,而生产部门的碳排放总量和碳排放强度不高。因此,发达国家当前的主要任务是削减本国居民生活消费中的碳排放,实现消费领域尤其是家庭生活方式的低碳化。发达国家数百年来积累的物质财富和先进技术,使其可以不再依赖能源密集型的工业生产,而将生产的重点转向知识密集型的金融服务业和高新技术产业,满足国民较高的生产生活和消费水平。而发展中国家则完全不同,不仅要生活,还要大力发展生产,进行经济建设。发展中国家目前正处于经济发展相对落后的存量积累阶段,工业尤其是重化工业在国民经济中的比重远远高于发达国家,大规模的基础设施建设需要大量能源密集型产品,能源消费和碳排放增加是其经济社会发展的必然产物。因此,发展中国家所处的特定经济发展阶段决定了其低碳经济发展水平要远远落后于发达国家。

发达国家的碳排放主要是后工业化时代的超前消费型社会所带动的,而发展中国家的碳排放主要是工业化阶段的生产投资和基础设施建设所带动的。对于发展中国家而言,其减排压力要远远大于发达国家,主要原因有四个:首先,发达国家拥有世界上最先进的生产力和科学技术,而且世界研究与开发的投资、人才、技术和成果也主要集中在这些国家。发达国家利用雄厚的资金、先进的技术、信息和人才优势,大力发展新能源、环保节能等低碳产业。发展中国家正处于工业化、城镇化发展的初级或中级阶段,自身经济实力和科技水平较为落后，为了摆脱贫困、发展经济一味地追求数量增长，而忽视了节能减排，导致环境问题不断突出。若大规模实施节能减排，会遭遇国内资金短缺、技术落后、管理水平低下等因素的制约。如果要获得来自发达国家的资金和技术援助，必然会受到发达国家的减排约束，完成相应的减排任务。这对于正处于工业化阶段的发展中国家来说，存在很大的难度。其次，发展中国家的人均收入水平与发达国家存在较大差距，低收入水平决定了其对环境的支付意愿和支付能力较低，在这种情况下，政府的清洁能源政策和环境规章制度的实施将困难重重。再次，发达国家在全球气候变暖方面负有不可推卸的历史责任，因此发达国家应该率先减排，并为发展中国家提供资金和技术方面的援助，然而发达国家只片面地强调减排的重要性，而淡化了发展中国家的适应问题和承受能力，忽略了发展中国家的发展需求，使得全球节能减排陷入了公共物品的“囚徒困境”。最后，贸易和投资的全球化使发达国家的环境保护以牺牲发展中国家的环境为代价。经济全球化把世界变成了一个统一的市场有机整体，发达国家抓住产业结构调整的有利机遇，利用发展中国家的廉价劳动力，通过国际投资和跨国并购的方式将高能耗、高污染、高排放的项目转移到发展中国家和地区，许多发展中国家成为制造业的加工基地和“世界工厂”，加剧了发展中国家的环境污染。在经济全球化条件下，发达国家可以通过“跨境污染转移”的方式，实现“在低收入国家生产高污染产品，在高收入国家消费这些产品”的目的。一方面形成发展中国家对外依赖型的脆弱的发展结构，另一方面处于产业链分工低端的发展中国家将背负高碳经济带来的高碳排放的沉重包袱。由于发展中国家正处于高碳和能源密集型发展阶段，经济增长与碳排放同步，履行全球气候变化能力受到国内经济发展水平的制约。

3.2.5.2 低碳贸易壁垒威胁发展中国家的出口贸易

低碳贸易壁垒是在低碳经济基础上兴起的一种新型贸易规则，是发达国家为了降低碳排放而采取的直接或间接限制甚至禁止贸易的保护措施。后金融危机时代，为了保护本国制造业、增加出口、振兴本国经济，发达国家开始调整贸易战略，加大对发展中国家进口产品的限制。发达国家凭借自身的经济实力和科技优势，以环境保护为借口，纷纷采取计算碳足迹、征收碳关税、制定低碳认证标准、扩大企业碳信用交易范围等措施，对发展中国家的出口贸易设置“绿色”障碍。

低碳贸易壁垒的主要特点：一是不平衡性。各国经济发展水平、发展阶段和人均碳排放均存在差异，但在碳减排责任上要遵循“共同但有区别的责任”原则。发达国家已经完成工业化和城镇化进程，它们在前期经济积累阶段也产生过高排放、高污染，因此发达国家对全球气候变暖负有不可推卸的历史责任。欧盟承诺到 2020 年碳排放量比 1990 年降低 20%；奥巴马政府承诺到 2020 年美国温室气体排放量在 2005 年的基础上减少 17%，到 2050 年减排 83%。而温室气体排放较多的中国、印度、巴西等发展中国家，目前更关注经济增长和消除贫困。发达国家无视发展中国家的实际情况，以环境保护为借口设置单边环境贸易措施，将会加剧国际贸易的不平衡发展。二是隐蔽性。地球是人类共同的家园，保护生态环境、延缓气候变暖关系到人类的共同利益。各种环境与资源保护国际公约、低碳标准与低碳产品认证制度有利于促进低碳经济发展，不能一概视为低碳贸易壁垒。在国际贸易中，关税、配额、许可证、外汇管制等传统贸易壁垒的使用，不仅会受到国际公约的制约和国际舆论的谴责，而且容易遭到贸易对象的报复。因此，传统贸易壁垒的作用逐渐被弱化，为新贸易壁垒的发展提供了巨大的空间。发达国家打着环境保护的幌子推行低碳标准和各种认证制度，对发展中国家的出口产品进行限制。这种进口限制的合理性容易引起人们的错觉，具有隐蔽性。三是低碳贸易壁垒涉及的领域十分广泛，几乎涵盖了中国外贸出口的所有领域，每年造成的损失相当于中国当年出口总额的 20%。

低碳贸易壁垒发生作用的机理有两种：一种是市场准入的限制，即发达国家通过立法或制定严格苛刻的环境技术标准，使发展中国家的许多产品难以进入它们的市场参与公平竞争。另一种是竞争力的影响，即发达国家不对产品和服务的市场准入作直接限制，但通过开展绿色认证、征收绿色关税及实施反补贴措施，使发展中国家的出口产品成本大大增加，进而削弱产品的国际竞争力。例如，在绿色标志认证方面，外贸企业为了获取国外认可的绿色标志，不仅要支付大量的检验、测试、评估、购买先进仪器设备等间接费用，而且还要支付高昂的认证申请费和标志的使用年费等直接费用，使产品成本大幅上升，丧失原有的价格优势。

长期以来，许多发展中国家奉行以低成本为基础的比较优势战略，这在一定程度上促进了发展中国家对外贸易的发展。但随着低碳经济的深化和低碳贸易壁垒的增加，这一发展战略已经越来越显示出其弊端。低碳贸易壁垒会增加一国生产高碳产品的机会成本，导致一国在国际贸易中比较优势的变化，该国企业的国际竞争力也将受到影响。作为一种集约式的经济发展模式，低碳经济要求在产品的设计、原材料的选择、生产、销售、消费等各个环节，系统、全面地贯彻低碳发展的基本思想。低碳贸易壁垒是发达国家与发展中国家在经济发展、技术水平、生产成本存在巨大反差的背景下实行的，它将大大削弱发展中国家出口贸易的比较优势，对发展中国家经济发展带来不利影响。世界资源研究所(WRI)的统计数据显示，在世界各国各部门的碳排放中，中国的出口商品中所含的碳排放量是最高的。一旦发达国家实施碳关税，将对中国的出口商品造成巨大的冲击。目前，中国的高碳产品出口主要集中在化工、钢铁、建材、机电等产业，这些产业占中国总出口的一半以上。据美国商务部统计，2012 年中国对美国机电产品出口为 2098.3 亿美元，占美国对中国进口总额的 49.3%。如果征收碳关税，在短期内将会严重阻碍中国高碳行业的产品出口。低碳贸易壁垒对出口抑制作用的模拟路线如图 3－5 所示。

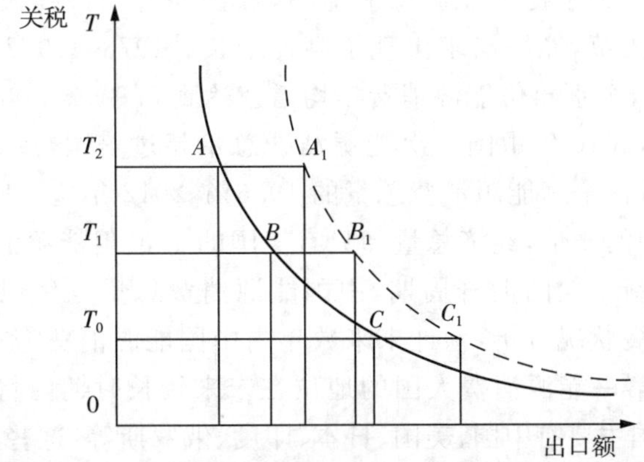

图 3－5　低碳贸易壁垒对出口抑制作用的模拟路线

第4章 中国低碳经济的发展现状及制约因素

4.1 中国能源消耗与二氧化碳排放状况

改革开放以来，中国的能源事业取得了长足发展。目前，中国已成为世界上最大的能源生产国，形成了煤炭、石油、天然气、电力、新能源和可再生能源等全面发展的能源供应体系。能源发展对提高中国人民生活水平、保持经济平稳较快增长提供了有力保障。但能源消耗的急剧增长和能源效率低下不仅使中国能源供应面临严峻挑战，而且产生大量的二氧化碳、二氧化硫等有害气体，造成严重的环境污染和生态破坏。随着工业化、城镇化的快速发展，中国能源需求将持续增长，增加能源供应、保障能源安全、保护生态环境、促进经济社会可持续发展，已成为中国需要完成的一项重大而长远的战略任务。

4.1.1 能源消耗总量大，碳排放增长迅速

4.1.1.1 能源消耗量大

自实施改革开放以来，中国经济取得了举世瞩目的成就，经济一直保持持续高速增长势头。中国经济总量先后超过了俄罗斯、加拿大、意大利、法国、英国、德国、日本，成为仅次于美国的世界第二经济大国。但中国经济快速增长的同时也存在一个突出问题，就是能源消耗大幅增加。为了提升能源供应能力，保证经济的持续快速发展，中国政府不断深化对能源行业的改革，能源需求出现了高速增长。1978—2012 年，中国能源消费年均增长率达到 5.58%，个别年份能源消费年均增速达到 8.9%。2009 年中国与美国一次能源消费量数据平行，2010 年中国一次能源消费总量超过美国，成为世界第一大能源消费国，一次能源消费量占全球能源消费总量的 19.6%，2012 年这一比例上升到 21%。目前，中国的人口是美国的 4 倍，经济总量却只有美国的 1/3，但能源消费比美国高出许多。伴随着国民经济进入新一轮的上升周期，中国能源消费总量也呈现出快速增长的势头。按照目前中国经济发展状况分析，预计未来数年内中国能源消费需求仍将保持高速增长态势。中国作为世界第一能源消费大国的地位在未来较长时期内将没有国家可以取代。目前全球能源消耗大国主要有中国、美国、日本、印度、俄罗斯等，这些国家能源消费占全球能源消费总量的一半以上。2000—2012 年世界主要国家一次能源消费量见表 4 - 1 所列。

表 4-1　2000—2012 年世界主要国家一次能源消耗量(单位:百万吨油当量)

年份＼国家	中国	美国	日本	印度	俄罗斯	英国	德国	加拿大	韩国
2000	967.3	2309.5	510.2	295.1	614.3	222.9	329.5	300.4	188.8
2001	1000.6	2254.9	508.7	296.5	625.1	225.4	335.2	296.1	193.4
2002	1073.8	2295.5	513.3	310.8	628.2	221.7	334.0	305.1	203.0
2003	1245.3	2302.3	514.6	320.8	642.2	225.4	336.8	312.1	209.8
2004	1466.8	2348.8	526.8	345.1	649.2	227.3	337.1	315.5	213.8
2005	1601.2	2351.2	531.4	366.8	647.9	228.2	333.1	324.1	220.8
2006	1764.7	2332.7	530.1	390.0	675.6	225.5	339.6	321.4	222.9
2007	1878.7	2372.7	526.7	420.1	680.1	218.3	324.5	327.5	231.9
2008	1969.9	2319.8	520.7	446.5	683.5	219.8	326.8	326.1	236.4
2009	2101.5	2205.8	477.9	484.1	647.8	207.7	307.7	311.7	237.4
2010	2338.0	2281.2	506.7	511.6	674.0	213.8	322.4	315.6	254.6
2011	2540.8	2265.2	481.1	534.8	696.5	200.5	307.5	328.6	267.8
2012	2735.2	2208.8	478.2	563.5	694.2	203.6	311.7	328.8	271.1

中国庞大的人口规模、快速推进的工业化、城镇化以及汽车消费的不断增加，是导致能源消费大幅增加的主要原因。改革开放以来，中国一次能源消费从 1978 年的 5.71 亿吨标准煤增长到 2012 年的 36.2 亿吨标准煤，能源消费总量在这 34 年上升了 5.34 倍，年均增长率达到 10.57%。一般来说，在一定的经济发展水平和发展速度下，一个国家或地区的经济增速与其能源消费增速呈正比，即随着国民经济的发展，能源消费量也相应增加。从总体上来看，中国的经济增长与能源消费的变动趋势基本上是一致的，即经济快速发展的同时，能源消费也大幅增加(如图 4-1 所示)。从全球能源需求增长情况来看，欧盟年均能源消费增长维持在 1%～2%，美国已经进入微量增长阶段，但中国的年均能源消费增速为 5%～6%。照此下去，到 2030 年中国一次能源需求将增加到 42.49 亿吨标准煤，中国的能源消费总量十分惊人，中国未来的能源供应问题令人担忧。1978—2012 年中国国内生产总值和能源消费变动趋势见表 4-2 所列。

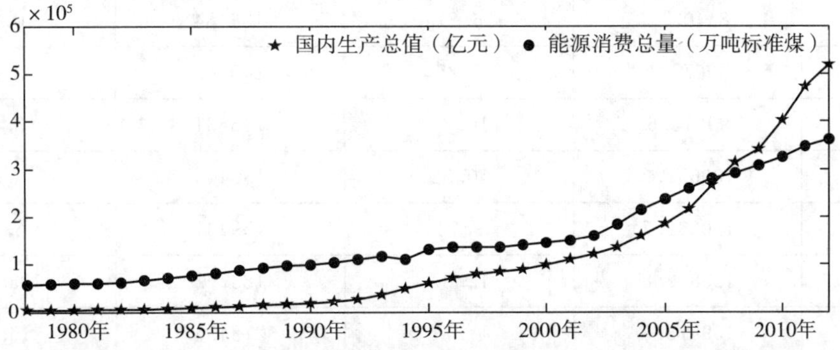

图 4-1　1978—2012 年中国国内生产总值和能源消费变动趋势

表 4-2 1978—2012 年中国经济增长与能源消费变化关系

年份	国内生产总值（亿元）	国内生产总值增长率（%）	能源消费总量（万吨标准煤）	能源消费增长率（%）
1978	3645.2	—	57144	—
1979	4062.6	11.45	58588	2.53
1980	4545.6	11.89	60275	2.88
1981	4891.6	8.83	59447	−1.37
1982	5323.4	8.83	62067	4.41
1983	5962.7	12.01	66040	6.40
1984	7208.1	20.89	70904	7.37
1985	9016.0	25.08	76682	8.15
1986	10275.2	13.97	80850	5.44
1987	12058.6	17.36	86632	7.35
1988	15042.8	24.75	92997	7.35
1989	16992.3	12.96	96934	4.23
1990	18667.8	9.86	98703	1.82
1991	21781.5	16.68	103783	5.15
1992	26923.5	23.61	109170	5.19
1993	35333.9	31.24	115993	6.25
1994	48197.9	36.41	109170	−5.88
1995	60793.7	26.13	131176	20.16
1996	71176.6	17.08	135192	0.53
1997	78973.0	10.95	135909	0.53
1998	84402.3	6.87	136184	0.20
1999	89677.1	6.25	140569	3.22
2000	99214.6	10.64	145531	3.53
2001	109655.2	10.52	150406	3.35
2002	120332.7	9.74	159431	6.00
2003	135822.8	12.87	183792	15.28
2004	159878.3	17.71	213456	16.14
2005	184937.4	15.67	235997	10.56

（续表）

年份	国内生产总值（亿元）	国内生产总值增长率（%）	能源消费总量（万吨标准煤）	能源消费增长率（%）
2006	216314.4	16.97	258676	9.61
2007	265810.3	22.88	280508	8.44
2008	314045.4	18.15	291448	3.90
2009	340902.8	8.55	306647	5.21
2010	401512.8	17.78	324939	5.97
2011	472881.6	17.77	348002	7.10
2012	519322.3	9.82	362000	4.02

4.1.1.2　二氧化碳排放与能源消耗同步增长

改革开放以来的经济数据和事实证明，中国能源消费与碳排放之间存在明显的正相关性，即经济增长与能源消费同步，二氧化碳排放量也随之增加。由图 4－2 可以看出，1978—2009 年中国能源消费与二氧化碳排放量的变动大致可以分为三个阶段：1978—1997 年，随着改革开放的逐步深化和生产规模的扩大，中国能源消费迅速增加，二氧化碳排放也急剧增长；1998—2002 年，能源消费处于平稳的增长阶段，相应的二氧化碳排放也比较稳定；2003 年至今，随着工业化、城镇化进程的加快，中国宏观经济进入新一轮扩张期，能源消费急剧增加，二氧化碳排放也与日俱增。

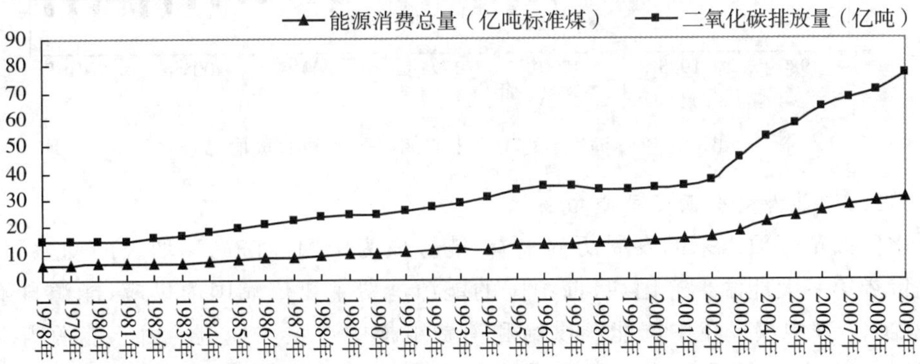

图 4－2　1978—2009 年中国能源消费与二氧化碳排放量的变化

全球碳计划的数据显示，从 1960 年到 2016 年，全球碳排放累计达到了 12483.64 亿吨，其中，中国的碳排放总量达到了 1905 亿吨，约占总量的 15.26%，也就是说从 20 世纪中期所升高的 0.99 摄氏度中，中国贡献了约 0.15 度。中国在“十三五”规划纲要中指出：今后五年，中国单位 GDP 能耗、二氧化碳排放量、用水量分别下降 15%、18%、23%。这是一个具有挑战性的目标，要全面完成“十三五”规划的节能减排目标，中国需要在“十二五”工作的基础上继续深入推进。

4.1.2 能源供需矛盾突出，能源安全面临严重威胁

4.1.2.1 能源消费缺口不断扩大，能源进口增加

1978年年底，中国总人口为9.6亿。尽管中国人口数量已经很多，但由于当时人均能源消费水平低，因此能源资源的储量是相对充足的。随着经济规模的扩大，中国能源消费呈几何级数增长，能源生产的增长速度小于能源消费的增长速度，能源供求缺口不断扩大(如图4-3所示)，这个缺口只能依靠进口来弥补。从1992年起，中国能源消费总量超过生产总量，尤其是石油的可获得性成为制约中国经济持续增长的瓶颈。从1993年起中国成为石油进口国，1996年成为原油进口国。2002年以后，随着中国产业结构调整和固定资产投资的加速，经济增长对能源的依赖程度呈明显上升趋势，能源进口逐年增加。2006年，中国的能源净进口量突破2亿吨标准煤，在能源进口中，石油进口占较大比重。2008年，中国石油进口量达到2.2亿吨，占当年国内石油消费量的51.3%；2012年，中国进口煤炭2.9亿吨，同比增长29.8%；原油进口量约为2.7亿吨，同比增长6.8%。

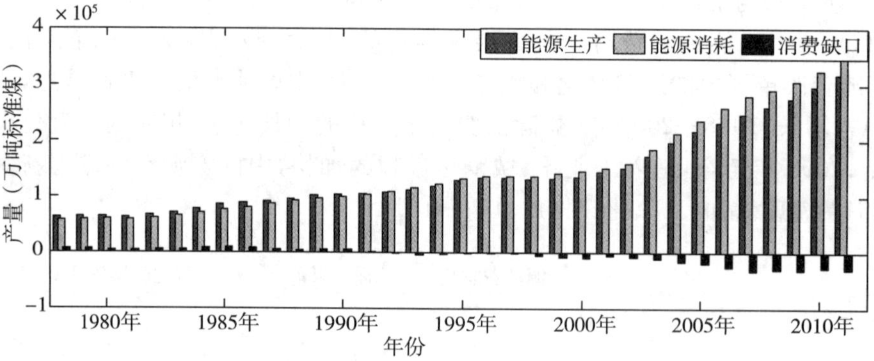

图4-3 1978—2011年中国能源生产和消费情况

4.1.2.2 能源安全面临严重威胁

从中国改革开放以来的发展历程来看，能源成为中国经济高速增长的动力和支撑。中国是世界第一大能源生产国，目前中国的能源消费主要依靠国内供应，能源自给率达到90%以上，其中煤炭在中国能源供给和消费结构中占主导地位。由于能源需求总量大，中国经济增长开始受到国内能源供给存量不足的瓶颈约束，不得不依赖能源进口。能源进口可以在某种程度上缓解中国能源供应的紧张局面，但随着能源进口的持续增加以及原油对外依存度的不断攀升，中国能源安全面临着严重的威胁。中国已跃居为仅次于美国的世界第二大石油消费国，石油资源过度依赖进口。自1993年以来，中国石油进口一直呈逐年增加的趋势，石油进口依存度从当年的6%一路攀升至2012年的56.4%，超过了50%的国际警戒线。由国际经济复苏和大国需求效应导致的能源价格上涨，加剧了国内因能源供求失衡引发的价格上涨，中国经济整体运行越来越受到国际能源市场价格变化的影响，增加了中国经济运行的脆弱性和不稳定性。

能源安全是关系国家经济安全和社会安全的重大战略问题，能源供应将直接影响国家政治稳定和经济发展。20 世纪 50 年代以来，能源危机的频繁发生，对实体经济产生了巨大影响。石油资源的蕴藏量不是无限的，易开采和利用的储量已经不多，剩余储量的开发难度越来越大，到一定限度就会失去继续开采的价值。近些年来，地缘政治局势紧张，市场投机因素增加，国际石油价格持续飙升，能源安全问题日益引起各国政府的重视。随着发达国家制造业转移、城镇化步伐的加快以及居民消费结构升级，石油、天然气等清洁高效能源在中国能源消费结构中将占据重要地位。中国石油消费严重依赖进口，不断攀升的国际石油价格对中国经济造成了多方面的不利影响：在短期内，会引发国内物价上涨从而加大中国通货膨胀压力，并加大国内原油和成品油之间的价格扭曲程度；在长期内，将增加中国经济的运行成本，降低经济的运行效率。

4.1.3　高耗能、高排放和过度开采对环境造成严重影响

近些年，中国经济高速增长，导致能源资源消耗急剧增加，环境污染和生态环境破坏严重，给经济发展带来了巨大压力。2007 年，一项全球污染调查研究表明，在全球十大污染严重国家和地区中，中国、印度和俄罗斯名列全球污染最严重地区名单。尽管环境污染对人类生活和经济发展的影响难以量化，但一些粗略的估计可以说明环境污染给中国带来的严重后果。20 世纪 80 年代到 90 年代，根据世界银行估计，中国环境损失占当年 GDP 比重的 3%～4%，多的年份达到 11%左右。自 20 世纪 90 年代中期以来，中国经济增长大约有 2/3 是建立在环境污染和生态破坏的基础上。全国流经城市的河流中，90%的河段受到比较严重的污染，75%的湖泊出现了富营养化问题；酸雨的影响面积占到国土面积的 1/3。2003 年中国环境污染和生态破坏造成的损失占当年 GDP 的 15%，相当于 4400 亿元。由煤炭燃烧形成的酸雨造成的经济损失每年超过 1100 亿元。中国工业废水、废气和固体废弃物的排放量均保持较高的增长率。2010 年中国工业废气排放总量达到 475200 亿立方米，是 2003 年的 1.38 倍。2011 年中国 GDP 为 470000 亿元，而环境污染造成的损失达到 23500 亿～28200 亿元。截至 2012 年底，中国二氧化硫排放量达 2117.6 万吨，化学需氧量达 2423.7 万吨，氮氧化物排放量达 2337.8 万吨，氨氮排放量达 253.6 万吨，全国酸雨城市比例为 30.8%。生态环境的持续恶化，给中国经济带来了难以估计的损失。

中国是世界能源和原材料消耗大国，经济的快速增长必然消耗大量的能源、原材料和矿产品，而资源的不合理开发和利用则会加剧气候变化，主要表现为森林资源与湿地资源的减少。由于过度砍伐、毁林耕地、开发建设等，森林面积和草地面积在迅速减少。这一方面降低了树木和植被对大气中二氧化碳的吸收量，另一方面对草木、秸秆的焚烧又会释放出大量二氧化碳，从而加剧全球气候变暖。湿地作为一种自然资源，同森林和海洋一样，有巨大的环境调节功能。湿地在抵御洪水与干旱、调节气候、美化环境等方面具有其他系统不可替代的作用。因此，湿地有“地球之肾”的美誉。但随着经济的快速发展，土地资源日益紧张，中国加大了对湿地的不当开发与利用，湿地调节气候的能力被大大削弱。

进入21世纪以来，中国煤炭开发利用量以年均2亿吨的速度增长。煤炭的大规模开采和利用带来了严重的生态破坏和环境污染。据统计，全国因采矿而破坏的森林面积达到106万公顷；对煤矿的不合理开采严重破坏了地下结构，造成大面积的煤矿塌陷。2010年底，全国采煤塌陷面积累计达55万～60万公顷，直接经济损失达数十亿元。

4.2 中国发展低碳经济的制约因素

中国是能源消耗和二氧化碳排放大国，主要依靠“高投入、低产出，高成本、低质量，高消耗、低效益”的外延型模式实现经济增长。其结果必然导致生态环境恶化、环境污染加剧。中国要减少对高耗能产业的依赖，缓解经济发展与环境污染之间的矛盾，必须走低碳经济发展道路。但中国低碳经济的发展面临着一系列因素的制约，这些因素大致可以分为三类：一是外部制约因素，即外部环境给低碳发展带来的阻碍；二是内部制约因素，即经济体自身的因素制约了低碳发展；三是“偏向性”制约因素，即外部制约因素与内部制约因素的综合作用给低碳发展带来的不利影响。

4.2.1 外部制约因素

4.2.1.1 经济发展阶段的刚性制约

中国现行的经济发展方式导致了严重的环境问题，而这种经济发展方式又是特定经济发展阶段下的产物。在这种具有中国特色的经济发展方式的动力作用下，又产生了独特的政府行为。具体来说，经济发展阶段的变化对中国低碳经济发展的影响主要表现在中国工业化、城镇化的飞速发展决定了与能源密切相关的高耗能产业的快速增长。

(1)工业化对中国低碳经济发展的影响

无论对于发达国家还是发展中国家，工业化都是经济发展过程中的一个必经阶段，也是产业结构调整和变动的一个重要时期。工业化的发展在很大程度上得益于煤炭、石油、天然气等化石能源的广泛投入使用，因此工业化是建立在化石能源基础上的一种高能耗经济。发达国家已经完成了工业化和城镇化的历史任务，大批高能耗、高污染的夕阳产业已经转移到包括中国在内的新兴发展中国家，其服务业尤其是金融业在经济中占主导地位。中国正处于经济发展相对落后的存量积累阶段，工业尤其是重化工业在国民经济中的比重远远高于发达国家，低能耗的第三产业发展滞后，比重偏低，产业结构不合理问题仍十分突出。1978—2011年中国国内生产总值结构见表4-3所列。

表4-3 1978—2011年中国国内生产总值结构(单位:%)

年份	第一产业	第二产业	其中:工业	第三产业
1978	28.2	47.9	44.1	23.9
1979	31.1	47.1	43.6	21.6
1980	30.2	48.2	43.9	21.6

（续表）

年份	第一产业	第二产业	其中:工业	第三产业
1981	31.9	46.1	41.9	22
1982	33.4	44.8	40.6	21.8
1983	33.2	44.4	39.8	22.4
1984	32.1	43.1	38.7	24.8
1985	28.4	42.9	38.3	28.7
1986	27.1	43.7	38.6	29.1
1987	26.8	43.6	38.0	29.6
1988	25.7	43.8	38.4	30.5
1989	25.1	42.8	38.2	32.1
1990	27.1	41.3	36.7	31.5
1991	24.5	41.8	37.1	33.7
1992	21.8	43.5	38.2	34.8
1993	19.7	46.6	40.2	33.7
1994	19.9	46.6	40.4	33.6
1995	20	47.2	41.0	32.9
1996	19.7	47.5	41.4	32.8
1997	18.3	47.5	41.7	34.2
1998	17.6	46.2	40.3	36.2
1999	16.5	45.8	40.0	37.8
2000	15.1	45.9	40.4	39
2001	14.4	45.2	39.7	40.5
2002	13.7	44.8	39.4	41.5
2003	12.8	46	40.5	41.2
2004	13.4	46.2	40.8	40.4
2005	12.1	47.4	41.8	40.5
2006	11.1	47.9	42.2	40.9
2007	10.8	47.3	41.6	41.9
2008	10.7	47.4	41.5	41.8
2009	10.3	46.2	39.7	43.4
2010	10.1	46.7	40.0	43.2
2011	10	46.6	39.9	43.4

从整体发展阶段来看，中国处于资金密集型和能源密集型的工业化中期阶段，三次产业结构比例大约是1∶5∶4，工业在中国经济发展与经济增长中发挥着重大作用。要完成社会主义现代化目标，必须首先完成工业化。工业由于产业本身的特性决定了其能源消费强度大大高于其他产业，工业自然成为能源消耗和污染物排放的主要产业。工业能源消耗占中国能源消耗总量的70%以上，工业生产排放的主要污染物COD约占全国排放总量的40%，二氧化硫排放量约占总量的90%。正处于工业化中后期阶段的中国，工业占国民经济比重不仅不会降低，还会进一步提升。

目前，中国工业增加值虽只占GDP的40%左右，但工业能源消耗几乎占了能源消耗总量的70%。第三产业比重为40%，远远低于发达国家70%的平均水平。图4-4给出了中国三次产业增加值占GDP比重的变化趋势。从1978—2012年，第一产业增加值占国内生产总值的比重由28.2%下降到10.1%，下降了18.1个百分点；第二产业增加值占国内生产总值的比重由47.9%下降至45.3%，下降了2.6个百分点；第三产业增加值占国内生产总值的比重由23.9%上升至44.6%，上升了20.7%。随着第一产业增加值在GDP中比重的下降，其能源消耗比重也逐步降低；第二产业是能源消耗大户，其能源消耗占全国能源消耗的比重一直是最大的，从1991年至今，第二产业能源消耗比重一直维持在70%以上；第三产业虽然发展迅速，但总体比例仍比较低，能源消耗增长较慢。

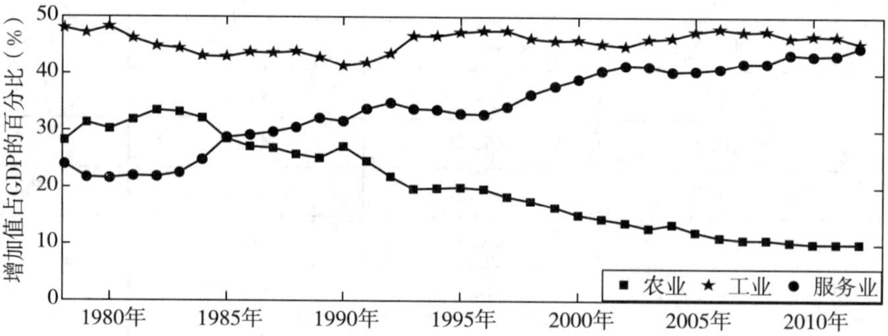

图4-4　1978—2012年中国三次产业增加值占GDP比重的变化

改革开放以来，中国第二产业增加值占国内生产总值的比重变化不大，表明中国现代化进程难以跨越高能源消耗的工业化发展阶段，工业仍然是拉动中国经济增长的主要动力。受经济发展的阶段性制约，中国经济发展的“高碳性”成为制约中国可持续发展的一个重要因素。如何在确保人民生活水平不断提高的同时，减少碳排放，是中国必须面对的一个现实难题。在世界能源和原材料既定的供给和消费格局下，一个占世界总人口20%以上的发展中大国要完成工业化，必将面临资源和环境的双重约束。从中国经济的增长方式看，中国仍在走欧美发达国家工业化的老路，即外延扩张型的工业化模式。

近些年来，中国工业占GDP比重出现了大幅增长，大规模的基础设施建设正在如火如荼地进行。新一轮经济增长和居民消费结构升级，使得能源消费与日俱增，中国进入了以能源、机械制造、钢铁、建筑为代表的重工业化发展阶段。重化工产业具有高消耗、高排放、高污染的基本特征。近些年，中国重化工业占GDP的比重不断增加，能源强度也在提高，重化工产业成为中国能源消耗和环境污染的主要来源。按照中国目前的产业发展轨迹和趋势，无论在投资领域还是在消费领域，重化工业的规模将继续扩大。在投资层面，城市基础设施建设需要重化工产业提供产品和原材料；在消费层面，随着居民收入水平的提高，中国进入了高额消费阶段，很多耐用消费品，比如汽车、住房的购买和消费将日益增加。这些都直接和间接地推动了中国重化工产业的发展。

(2)城镇化对中国低碳经济发展的影响

城市是人类文明的标志，是人们生产和生活的中心，在社会经济发展中的作用日益突出。全世界约有一半人口生活在城市，由于经济发展水平、自然条件、地理环境、人口数量的差异，各国城镇化水平和发展速度相差很大。发达国家的城镇化程度要高于经济相对落后的发展中国家。2012 年，发达国家的城市人口比例平均为 80.9%，其中，美国为 83%，日本为 92%，英国为 80%；而发展中国家的城市人口比例平均为 40.1%，其中，中国为 52%，印度为 32%，南非为 62%。

20 世纪 90 年代以后，中国城镇化步伐大大加快，城市人口数量不断增加，城镇化进程的加快意味着城市规模的扩张和新城镇的建立。中国国家统计局报告指出，1978 年中国城市总数为 193 个，城镇化率仅为 18%；到 2011 年，中国城市数量增加到 655 个，比 1978 年增加 462 个，其中地级及以上城市由 1978 年的 111 个增加到 288 个。2011 年中国城镇化率达到了 51.27%，城镇人口首次超过农村人口，标志着中国经济发展进入了一个新的阶段，城镇化成为继工业化之后推动中国经济社会发展的新引擎。据预测，到 2020 年中国城市率将达到 60%左右，到 2030 年将进一步达到 66%，城镇化率每年增加 1 个百分点，城市人口将增加约 1300 万。1960—2012 年世界主要国家城镇化进程如图 4 - 5 所示。

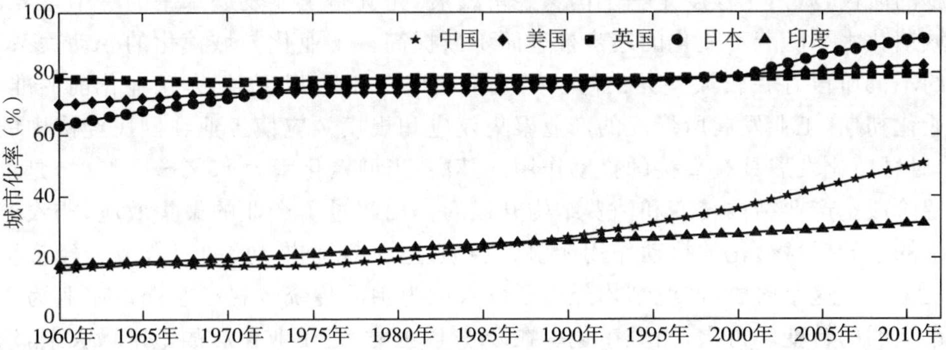

图 4 - 5　1960—2012 年世界主要国家城镇化进程

1980—2012 年，中国的城镇化率从 19.39%增长到 52.57%，年均增长 1.04 个百分点。随着中国城镇化进程的加快和农村剩余劳动力向城镇地区的转移，在今后的 20～30 年里，中国的城镇人口将经历一个急速膨胀的发展阶段。据估计，中国的城镇化进程将于 2020 年前后停止快速的脚步而进入到较为平稳的阶段，而届时将会有 3 亿的人口从农村迁入城市工作和生活，成为城市迅速增长的工业和服务业所需劳动力的主要来源。这个迁移人口规模几乎相当于目前美国的人口数量。随着中国城市人口的增加，能源消费也呈同步上升的趋势。

城市通常被认为是温室气体的主要排放源。随着城镇化进程的推进和居民消费水平的提高，人们对生活能源的直接与间接需求增加。一方面，城镇化使城市人口数量激增，随着人们收入水平的提高，电冰箱、空调等家电的使用更加普遍，私家车的拥有量也迅速增加，收入增长带来的乘数效应也会促使人们在交通、娱乐、餐饮、住房等方面的能源消耗倍增。另一方面，城镇化进程会伴随着大规模的城市基础设施建设，包括水、电、医疗卫生、供暖、城市绿化等公共基础设施建设，公路、铁路等交通运输体系建设，民用住宅和商业、公用建筑等建设。基础设施建设会增加钢铁、水泥、建筑材料等高耗能产品需求，并且这些城市基础设施的建设、运行和维护都需要消耗大量能源密集型产品，这些产品的生产需要消耗大量能源，必然会导致二氧化碳排放量增加，对环境产生负面影响。在中国，建筑能耗占总能耗的27%以上，而且还在以每年1%的速度增加。统计数据显示，中国既有建筑面积近400亿平方米，95%以上是高能耗建筑；每年城乡建筑房屋面积近20亿平方米，其中80%以上为高能耗建筑，建筑能耗占全国总能耗的比例从27.6%上升到33%以上。在城镇化进程中，中国的能源消费将发生巨大变化，虽然技术进步在能源效率上做出贡献，但为了满足社会主义现代化建设的需要，中国能源消费总量将经历一个刚性的高速增长阶段。

(3)工业化和城镇化发展导致电力消费增加

国际经验表明，在工业化进程中，一国经济往往呈现出城镇化的特征，即工业化往往伴随着城镇化。工业化对农业生产的影响主要体现在：一方面，工业化发展会提高农业劳动生产率；另一方面，随着大规模的机械化劳作，将会有一部分农村剩余劳动力逐渐从农村转移到城市。城镇化是每个低等收入国家向中等收入国家和高收入国家转变的不可逾越的阶段，城镇化程度是一个国家经济发展，尤其是工业发展水平的一个重要体现，而且城镇化水平随着工业化的逐步推进而不断提高。工业化与城镇化的变动关系，在工业化的不同阶段存在较大差异：首先，当城镇化率在30%以下时，是工业化前的准备期。在工业化初期，工业发展所形成的产业聚集效应和规模效应使工业在国民经济中的比重上升，对城镇化发展具有直接的推动作用。其次，当城镇化率为30%～60%时，是工业化的中期阶段。产业结构转变和消费结构升级的作用超过了产业的聚集效应，非农产业就业比重的上升对城镇化的拉动作用明显，“投资主导-工业推动”的组合成为经济增长的主要动力。在这个阶段，产业结构经历了以农业为主的传统乡村社会向以工业为主的现代城市文明的转变。再次，当城镇化率在80%以上时，是工业化后的稳定增长期，消费规模和数量日益扩张，服务业发展迅速，“消费主导-服务业推动”的组合成为新的增长动力。此时产业结构再次发生变化，即以工业为主转变为以服务业为主。工业对城镇化进程的主导作用逐步转变为服务业，服务业比重的上升对城镇化进程产生较大的影响。

工业化、城镇化发展的一个重要特征就是高能源消耗。作为经济运行程度的风向标，中国电力消费数年来一路攀升。2011年中国全社会用电总量为46928亿千瓦时，同比增长11.94%；其中，工业用电量34633亿千瓦时，同比增长7.22%；居民用电量5646亿千瓦时，增长10.17%。中国电力需求旺盛，人均用电量达3483千瓦时，超过世界平均水平。中国水力发电减少，火力发电快速增长，电煤供需矛盾仍然突出，电煤价格高位运行。随着工业化、城镇化的快速发展，拉动了中国电力消费的快速增长。图4-6给出了中国近年来电力消费增长率和 GDP 增长率曲线，可以看出二者基本保持同步变化的趋势。这种情况在发达国家的工业化阶段也曾出现过。例如，在日本和美国的工业化阶段，电力消费增长率与 GDP 增长率基本上保持 1∶1 的关系。工业化、城镇化进程中的高能源消耗基本不受资源禀赋差异的影响。以日本为例，日本能源资源匮乏，但这并未影响日本的工业化进程，日本的工业化速度比美国快 3 倍，其工业化过程中的能源消费也比美国多 3 倍。日本工业化时间的缩短使能源消费更加集中，能源消费的刚性是经济发展的必然阶段。因此，尽管受到国际金融危机的影响，但至少到 2020 年前，中国的经济增长、能源消耗和电力消费仍将保持较高的增长速度。中国目前正处于城镇化与工业化的快速发展阶段，突出了资源密集开采和快速消耗的特征，经济增长的可持续性受到能源资源有限性的制约。

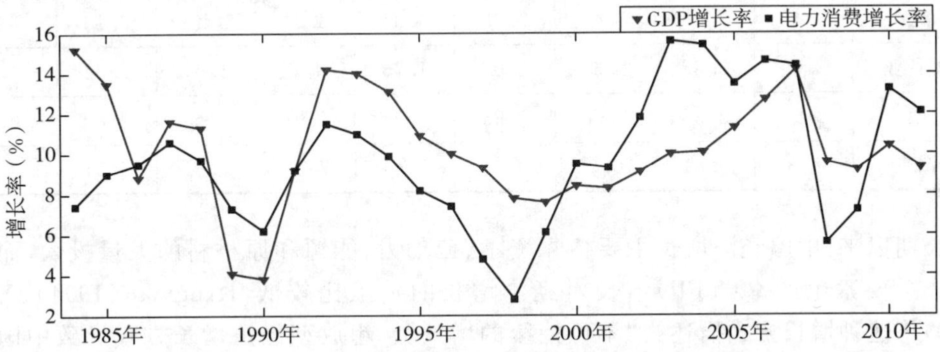

图 4-6　1984—2011 年中国电力消费增长率与 GDP 增长率曲线

4.2.1.2　经济增长方式的瓶颈

长期以来，中国经济增长方式具有明显的粗放型特征，即经济增长以资源的过度消耗为基础，以大量廉价劳动力和资金投入为支撑，以环境污染和生态破坏为代价，这种模式违背了低碳经济的发展要求。在 2008 年国际金融危机中，中国实体经济受到了严重冲击，其中过低的能源效率使中国经济在全球化时代更显脆弱性。中国经济增长对能源和资源的依赖程度较高，而能源技术装备和管理水平相对落后，能源消耗的增长与能源技术的不同步发展造成了能源利用效率低，能源高碳化现象严重，主要产品能耗和单位 GDP 能耗均高于世界平均水平。2008 年，中国每万美元 GDP 所消耗的能源为 7.86 吨标准油，是世界平均水平的 2.67 倍，是美国的 4.01 倍、英国的 6.66 倍、日本的 8.19 倍，甚至高于印度、南非、巴西等发展中国家。2000—2008 年世界主要国家单位 GDP 能源消耗比较见表 4-4 所列。

表 4-4　2000—2008 年世界主要国家单位 GDP 能源消耗比较（单位：吨标准油/万美元）

	2000 年	2001 年	2002 年	2003 年	2004 年	2005 年	2006 年	2007 年	2008 年
世界	3.02	3.16	3.1	3.04	3.04	3.0	2.96	2.92	2.94
中国	9.13	8.46	8.34	8.6	9.12	8.88	8.61	7.99	7.86
俄罗斯	23.84	20.26	17.88	20.71	19.69	18.64	17.73	16.38	15.9

(续表)

	2000年	2001年	2002年	2003年	2004年	2005年	2006年	2007年	2008年
美国	2.3	2.24	2.2	2.21	2.13	2.08	2.01	2.0	1.96
日本	1.11	1.27	1.34	1.06	1.07	1.05	1.02	0.99	0.96
印度	9.98	10.87	10.51	8.98	8.8	8.33	8.0	7.69	7.65
英国	1.51	1.63	1.45	1.4	1.36	1.33	1.27	1.19	1.18
德国	1.78	1.87	1.71	1.78	1.77	1.73	1.69	1.6	1.6
法国	1.9	1.99	1.83	1.93	1.91	1.88	1.81	1.75	1.77
意大利	1.59	1.57	1.43	1.19	1.06	1.04	0.98	0.85	0.77
加拿大	3.47	3.49	3.45	3.38	3.35	3.31	3.18	3.15	3.07
澳大利亚	2.66	2.86	2.66	2.07	1.76	1.6	1.61	1.34	1.17
巴西	2.93	3.38	3.78	2.93	2.93	2.91	2.9	2.89	2.89
南非	8.3	9.81	10.26	8.04	8.44	7.85	7.61	7.51	7.26

长期以来，中国经济增长主要依靠资本、劳动力、能源和原材料的大量投入，而技术进步或全要素生产率(TFP)增长对经济增长的贡献比较低，Krugman(1994)、Young(2000)将这种增长方式描述为“不可持续的增长”。粗放型经济增长方式导致中国能源消费增长过快，环境污染和生态破坏严重，使中国经济和社会可持续发展受到很强的资源环境约束。随着经济规模的扩大，中国对能源的需求和初级产品的依赖性越来越大，某些资源在开采、加工、运输、消费等环节的节约管理制度不完善，导致资源的严重浪费。某些重要原料和能源高度依赖进口，而能源资源利用效率却很低。低效率的资源利用和粗放式的矿藏开采严重破坏了中国的生态环境和宝贵的土地资源。

4.2.1.3 先天资源禀赋决定的高碳能源结构

资源禀赋又称要素禀赋，是生产活动中所需要的基本物质条件和投入要素。在低碳经济中，资源禀赋是一个广义的概念，包括劳动力、土地、资本、技术、矿产资源和能源等要素。能源作为重要的生产要素，极大地提高了劳动生产率，推动了经济社会发展。在资源导向型的传统经济增长模式中，资源禀赋状况在很大程度上决定了一国的经济发展水平。例如19世纪的美国，丰富的自然资源大大提高了美国的生产率，煤、石油、铜、铁矿石等资源的大量开采和生产，巩固了美国在全球工业生产中的领导地位。

能源禀赋可以从能源结构，即单位能源的碳排放系数来分析，根据IPCC的假定，一般在使用过程中，可以认为某种能源的碳排放系数是稳定不变的。单位能源的碳排放系数越大，表明能源越不清洁；反之，能源则越清洁。在三种化石能源中，煤炭的含碳量最高，石油次之，天然气的单位热值碳密集度只有煤炭的60%。研究表明，水能、太阳能、风电、地热能等可再生能源及核能的碳排放系数为零或接近于零，而煤炭、石油、天然气等化石能源的碳排放系数分别达到0.7329、0.5574和0.4226吨标准煤(见表4-5)，将其换算成二氧化碳排放量分别为2.745吨、2.146吨和1.629吨。在所有终端能源消费类型中，化石能源的使用是造成温室气体排放的主要原因，而新能源及可再生能源的碳排放量很低或几乎为零。因此，能源结构反映了能源质量，清洁能源在能源结构中所占比例越高，单位能源消费带来的温室气体排放量就越小。

表 4-5　一次能源消费的碳排放系数(t-c/tce)

数据来源	固体燃料煤	液体燃料石油	气体燃料天然气
DOE/EIA	0.702	0.478	0.389
日本能源经济研究所	0.756	0.586	0.449
国家科委气候变化项目	0.726	0.583	0.409
徐国泉	0.7476	0.5825	0.4435
平均值	0.7329	0.5574	0.4226

中国是世界上煤炭资源储量比较丰富的国家，煤炭储量占世界探明储量的 14%左右，石油储量占 2.4%，天然气储量占 1.2%。长期以来，我国受资源禀赋的约束，在能源消费种类构成上，化石能源占主要地位，而化石能源中煤炭的比重超过 2/3，处于主导地位，其次是石油和天然气，风能、太阳能、生物质能等新能源的比重和利用率仍然很低。如图 4-7 所示，1978—2011 年，在中国一次能源消费总量与结构中，煤炭所占比重平均为 70%左右，高于世界平均水平 30 多个百分点；石油和天然气分别占 20%和 3%左右，分别低于世界平均水平的 15%和 20%；水电、核电、风电等低碳能源的比重略有上升，但在一次能源消费总量中的比重仍然很低。

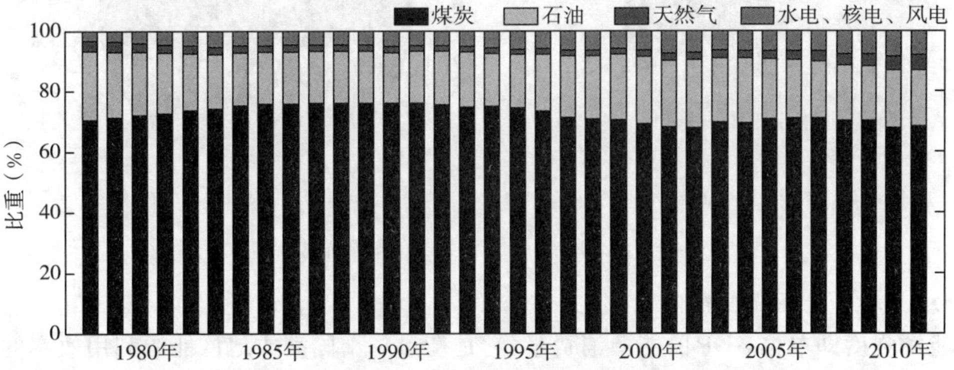

图 4-7　1978—2011 年中国一次能源消费结构

在中国能源探明储量中，煤炭储量达到 94%，而石油和天然气储量仅占 5.4%和 0.6%。这种“富煤、缺油、少气”的能源资源现状，决定了中国长期以煤为主的能源生产和消费格局，并且就目前中国的能源现状来看，以煤为主的能源消费结构在未来相当长的一段时期内不会发生根本性改变，预计到 2030 年煤炭仍将占中国一次能源消费的一半以上。煤的碳密集程度远远高于其他化石燃料，单位煤燃烧释放的二氧化碳是石油的 0.8 倍、天然气的 2 倍。中国的煤炭大部分用于直接燃烧，其中大部分又被用作火力发电和工业锅炉等。火电行业一直是中国最大的耗煤行业，2012 年全国电力行业耗煤 18.55

亿吨,占全国煤炭消耗总量的51.2%。中国煤炭利用往往缺乏配套的脱硫、脱硝、除尘装置,不仅对环境造成巨大危害,而且还导致能源利用效率低下。随着中国经济的继续增长,以煤为主的能源消费结构将会产生更多的碳排放和更严重的环境污染。中国大力发展水能、风能、太阳能、生物质能等新能源,但中国新能源产业发展处于起步阶段,新能源消费占总能源消费的比重一直很低,到2011年只占总能源消费比重的8%左右,远远不能满足中国生产和消费的需要。

当前世界能源消费以石油、天然气为主,而中国的能源消费以碳排放强度最高的煤炭为主,中国的二氧化碳排放强度比世界平均水平高出30%以上。同样是能源消耗大国的美国,无论是人均能源消费还是能源消费总量都处于世界较高水平,自然成为碳排放大国。出于自身能源安全和经济发展的考虑,美国政府不断调整能源政策,增加自身油气产量,提升新能源比重,降低石油进口依存度。美国的能源消费结构发生了显著变化,煤炭、石油和天然气三大传统能源消费比逐年减少,可再生能源和核能比重不断提高。2011年,美国煤炭消费只占一次能源消费总量的20%,而中国的煤炭消费比例却高达69%;在碳排放量较小的天然气消费上,美国的使用比例达到1/4,而中国只占5%;水电、风电、核电的使用比例,美国为18%,而中国仅为8%。2011年中国和美国的能源消费结构如图4-8所示。

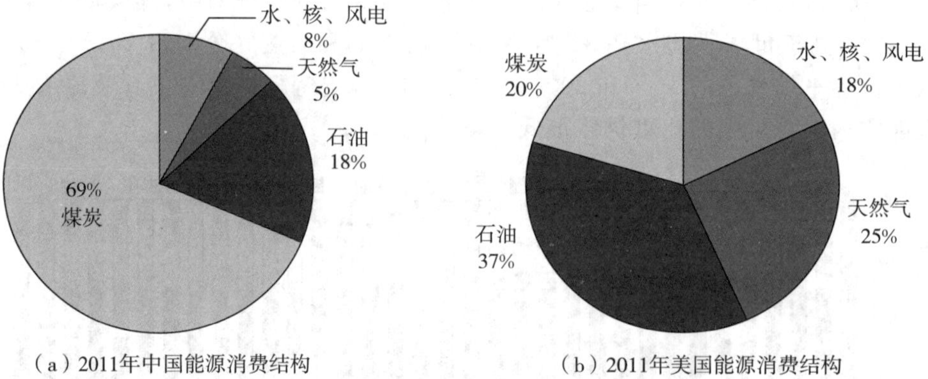

(a) 2011年中国能源消费结构　　(b) 2011年美国能源消费结构

图4-8　2011年中国和美国的能源消费结构

4.2.1.4　能源强度较高

能源强度即单位GDP的能源消费量,它是衡量一个国家或地区能源利用效率的重要指标,通常以"吨(或千克)油当量/美元"来表示。能源强度可以表示为各产业能源强度(EI_i)乘以各产业增加值占GDP的比重(W_i)之和,即:

$$EI = EC/GDP = \sum EC_i / \sum GDP_i = \sum EI_i GDP_i / \sum GDP_i = \sum EI_i W_i \quad (4-1)$$

以一个国家为例,式(4-1)中,EI表示能源强度,EC表示能源消费总量,GDP表示该国国内生产总值;EC_i表示i产业的能源消费量,该国能源消费总量EC等于各产业能源消费量的加总,即$EC = \sum EC_i$;GDP_i表示i产业的增加值,国内生产总值等于各产业增加值的加总,即$GDP = \sum GDP_i$;EI_i表示i产业的能源强度,i产业的能源强度与i产业增加值的乘积就是 i 产业的能源消费量，即 $EC_i = EI_i \cdot GDP_i$；W_i 表示 i 产业增加值在国内生产总值中的比重。

能源强度体现了效率原则：能源强度越高，单位 GDP 产出的能源消耗越多；能源强度越低，单位 GDP 产出的能源消耗越少。从实际出发，能源强度高意味着减排潜力大，能源强度低则减排潜力小。由于能源强度受能源消费总量、GDP 增长率以及政策约束等多种因素的影响，导致减排所涉及的范围和规模较大，成为降低能源强度的最大挑战。现代社会中，人类生产和生活都会产生碳排放。碳减排从宏观上涉及整体能源政策的转变，微观上则涉及人们日常生活中使用的空调、汽车、灯泡等技术革新以及能源消费观念的转变。因此，从理论上看，人类发展的任何一个方面，都可能成为温室气体减排的巨大障碍。

对于正处于城镇化快速发展阶段的中国来说，经济呈现明显的重工业化特征，生产单位 GDP 产品往往需要消耗较多的能源。同美国和日本相比，中国的能源强度较高，并且呈现明显的阶段性变化（如图 4－9 所示）。从总体上来说，中国的能源强度是逐步下降的，中间曾有一个起伏，这与中国经济发展的阶段性变化密切相关。中国必须通过提高能源效率来降低能源强度，减少不必要的能源浪费，为中国能源安全和应对气候变化做出贡献。中国在降低能源强度方面取得了明显成效，"十一五"期间，基本完成了能源强度在 2005 年的基础上下降 20％的目标。"十二五"期间，中国能源强度较 2010 年降低了 16％。预计"十三五"期间，中国能源强度将下降 15％以上。但是必须看到，中国的能源强度相对于美国、日本等发达国家还有相当大的差距，中国的能源强度还有很大的降低空间，因此还有很多的工作要做。

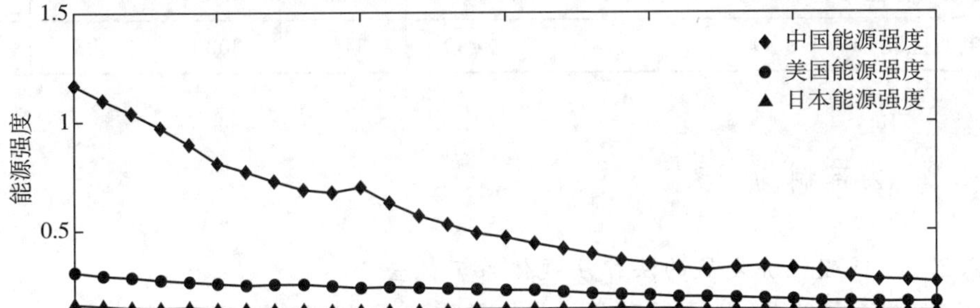

图 4－9　1980—2010 年中国、美国及日本的能源强度

4.2.1.5　能源利用效率低

改革开放以来，中国经济发生了巨大的变化。2012 年，中国国内生产总值达到 82600 亿美元，按可比价格计算，比上年增长 7.8％；人均国内生产总值达到 6100 美元，已步入中等国家收入行列。但中国经济增长对能源的依赖程度较高，粗放型经济增长方式背后是惊人的能源消耗。中国国内生产总值占全世界的 9％左右，但能源消费却占全世界能源消费量的 20％。据统计，2008 年中国综合能源利用效率为 33.4％，比发达国家将近低 10 个百分点。其中，电力、钢铁、有色冶金、石油化工、建材、纺织等 8 个行业主要

产品平均单位能耗是国际先进水平的1.7倍，机动车油耗水平是欧洲国家的1.3倍，单位建筑面积采暖平均能耗是北欧同纬度条件下能耗的2～4倍。有关数据显示，中国1吨煤所产生的效率仅相当于美国的28.6%、欧盟的16.8%、日本的10.3%，能源损失和浪费令人触目惊心。中国某些年份主要高耗能产品能耗与国际先进水平的比较，见表4－6所列。

表4－6 中国主要高耗能产品能耗与国际先进水平的比较

	中国			国际先进水平	2007年的差距	
	2000年	2005年	2007年		能耗	占比(%)
火电供电煤耗(gce/kW·h)	392	370	356	312	44	14.1
钢可比能耗(kgce/t)(大中型企业)	784	714	668	610	58	9.5
电解铝交流电耗(kW·h/t)	15480	14680	14488	14100	388	2.8
铜冶炼综合能耗(kgce/t)	1277	780	610	500	110	22.0
水泥综合能耗(kgce/t)	181	167	158	127	31	24.4
平板玻璃综合能耗(kgce/重量箱)	25	22	17	15	2	13.3
原油加工综合能耗(kgce/t)	118	114	110	73	37	50.7
乙烯综合能耗(kgce/t)	1125	1073	984	629	355	56.4
合成氨综合能耗(kgce/t)	1699	1650	1553	1000	553	55.3
烧碱综合能耗(kgce/t)	1435	1297	1203	910	293	32.2
纯碱综合能耗(kgce/t)	406	396	363	310	53	17.1
电石电耗(kW·h/t)	—	3450	3418	3030	388	12.8

4.2.2 内部制约因素

4.2.2.1 低碳经济发展的法律法规体系不健全

为了应对气候变化，发展低碳经济，中国陆续颁布了一系列法律法规。在低碳经济开发利用领域，制定了《中华人民共和国煤炭法》《中华人民共和国电力法》《中华人民共和国固体废物污染环境防治法》《中华人民共和国大气污染防治法》《中华人民共和国清洁生产促进法》《中华人民共和国可再生能源法》《中华人民共和国节约能源法》《中华人民共和国循环经济促进法》等法律法规。在应对气候变化方面，制定了《可再生能源中长期发展规划》《中国应对气候变化科技专项行动》《节能减排综合性工作方案》《中国应对气候变化的政策行动》等政策措施，为中国低碳经济发展创造了良好的法律与政策环境。

但是，这些立法离中国创建低碳社会和两型社会的要求还有很大差距。首先，客观地看，中国低碳经济发展处于初级阶段，促进低碳经济发展的立法体系不完善。迄今为止，中国尚未制定专门的低碳经济立法，促进低碳经济发展的措施主要依靠政府政策引导，而且已有的低碳经济法律都分布在不同的法律领域。此外，石油、天然气、原子能以及能源公用事业等主要领域缺乏单独的法律。其次，低碳经济法律法规缺乏强制性标准，由于缺乏可操作性，能源和环境领域执法不严，环境问题不能得到有效的治理。再次，虽然低碳经济法律法规的执行措施涉及税收优惠、补贴等激励手段，却没有规定详细的奖励手段与方法，导致在现实中不能产生广泛的影响。最后，促进低碳经济发展的制度措施法律效力层次不高，大多停留在部门规章层面，并未上升到国家法律层面。

4.2.2.2　低碳经济的金融体系不健全

良好和完善的金融体系能够提高资源配置效率和投资收益率，从而促进经济增长。中国低碳技术发展前景广阔，但由于缺乏资金支持，其整体实力和市场竞争力相对较弱。中国传统产业的潜力已经发挥到极致，盈利能力逐渐下降，而低碳产业投资风险较大，金融机构对该产业的投资积极性不高；再加上向低碳经济转型耗资巨大，收益周期过长，所以很难从商业银行获得贷款。虽然企业可以通过发行股票和有价证券方式筹集社会资金，但中国股票市场总市值中仅有 35％的市值可以自由流动，这大大阻碍了产权投资市场的流动性。

4.2.2.3　低碳技术储备、创新与应用的障碍

从传统经济发展模式向低碳经济模式转变，技术进步和创新是关键。然而，目前中国在低碳技术创新、转让及应用环节还存在一系列障碍。

(1)缺乏一定数量的低碳技术储备

中国低碳技术储备尤其是其中的低碳核心技术储备与发达国家存在较大的差距。哥本哈根会议后，许多发达国家在低碳技术研发上投入巨资，并将低碳经济发展上升到国家战略高度。美国在能源技术储备方面走在世界前列，并在碳搜集和碳储存方面取得了显著成效。奥巴马执政后，大力推行新能源战略，将清洁能源的溢出效应渗透到经济的各个层面。欧盟和日本都加大了对低碳技术的财政补贴、信贷支持和税收减免等，在低碳技术上取得了一定的先行优势。中国低碳经济发展起步较晚，缺乏核心技术的前期积累。如果只是简单地模仿和照搬，不仅会引发水土不服，还可能直接影响和制约中国低碳技术的自主创新。长期以来，中国能源领域的高新技术大多从国外引进，即通过清洁发展机制(CDM)引进发达国家的成熟技术。这种方式的优点是可以直接将技术应用于生产领域，但缺点是往往不能获得国外的核心技术。

(2)低碳技术创新能力不足

发达国家拥有世界上最先进的生产力和科学技术，而且世界研究与开发的投资、人才、技术和成果也主要集中在这些国家。发达国家利用雄厚的资金、先进的技术、信息和人才优势，走在全球低碳经济的先进行列。中国向低碳经济转型的最大制约是整体科技水平参差不齐，技术研发能力有限，创新水平不高，具有自主知识产权的高效低碳技术和产品较少。中国每年科技成果的转化率仅为 25％，真正实现产业化的不足 5％，而发达国家科技成果转化率却高达 80％。与发达国家相比，中国在发展低碳技术方面存在明显差距：在高能效技术方面，发达国家的综合能效也就是一次能源投入经济体的转换效率达到 45％，而中国只达到 35％。

从中国目前的状况看，低碳技术创新水平不高的主要原因是缺乏有效的技术创新激

励机制。主要表现在以下几个方面：一是低碳技术创新的研发开支和投入不足，科技人才外流严重，造成能源效率下降和能源产业结构单一，减缓了能源产业的低碳化进程。二是中国能源企业大部分是国有垄断的，在某种程度上不利于提高能源产业的国际竞争力。三是中国制造业的过度发展抑制了技术革新，使产业结构调整难以取得积极进展，增加了中国经济运行的脆弱性和风险性。四是为了确保能源生产满足国家政策要求，中国能源价格与国际市场价格脱钩，导致国内能源价格大幅低于国际市场价格，这实际上形成了对国内能源企业生产成本的“隐形补贴”。在廉价的能源消费与高昂的低碳技术研发之间，企业更倾向于选择前者。

4.2.3 “偏向性”制约因素

4.2.3.1 人口规模庞大，人均收入较低

人口规模主要受历史因素、生存环境、生育政策的影响。中国是全世界人口最多的国家，庞大的人口规模和人口数量的绝对增长必然导致中国能源消费增加和温室气体排放的快速增长。自20世纪70年代以来，中国政府坚持不懈地在全国范围内推行计划生育基本国策，在转变人口增长方式和抑制人口数量增长方面发挥了重要作用。从人口规模变化的角度来看，1970—2011年，中国人口总量从8.3亿增长至13.47亿，增幅达到62.29%，年均增长率为1.19%。国内外的研究证明，人口规模的扩张对中国能源消费和碳排放具有显著影响。据联合国人口署预测，中国每年新增人口1600万左右，到2033年前后将达到人口高峰，大约为15亿。随着中国人口绝对数量的增长和人口规模的扩大，主要资源、能源消耗将显著增加，同期碳排放也会持续上升，加上就业需求仍在增长，依靠投入推动和出口拉动的外延式增长模式难以在短期内改变，工业化、城镇化加速以及地区之间的不平衡，都将给中国经济发展、资源利用、环境保护等带来了沉重的压力。

人均GDP与经济发展阶段、经济发展水平、资源丰裕度等密切相关。人均GDP能够反映一个国家或地区的经济发展阶段和发展水平，并在某种程度上反映完成减排目标的能力，也体现了公平原则中的支付能力原则：人均GDP越高，支付能力越强，承担的减排义务就越多；人均GDP越低，支付能力有限，则承担的减排义务就越少。许多理论和实证研究表明，人均收入与碳排放之间存在倒“U”形曲线关系，即随着经济增长或人均收入水平的提高，碳排放量呈现先上升后下降的倒“U”形变动趋势，这就是著名的碳排放库茨涅兹曲线(Carbon Emissions Environmental Kuznetz Curve，CKC)。发达国家经济发展水平高，城市住房、交通运输等基础设施建设完善，加上高碳产业向发展中国家转移，其碳排放量处于倒“U”形曲线的下降阶段。而中国则恰恰相反，经济发展要求大规模的基础设施建设，同时又承接了发达国家的一部分高碳产业，使得中国的碳排放量处于倒“U”形曲线的上升阶段。中国已经成为世界第二大经济体，经济发展速度快，GDP仍将快速增长，不但能源需求总量大，而且呈现刚性特征，二氧化碳排放呈长期增加趋势。2002年中国人均GDP首次超过1000美元，2012年达到6100美元，但仍低于世界平均水平。中国较低的人均收入水平决定了对环境的支付意愿和支付能力较低，在这种情况下，政府的清洁能源政策和环境规制政策的实施将存在很大困难。为此，党的十七大报

告提出要在优化结构、提高效益、降低消耗、保护环境的基础上，实现人均 GDP 到 2020 年比 2000 年翻两番。

4.2.3.2 贸易结构不合理

改革开放以来，在生产技术水平、资本拥有量、产业水平与发达国家存在很大差距的现实条件下，中国抓住国际产业转移和要素重组的有利机遇，充分利用本国丰富、廉价的劳动力资源方面的显著优势，形成了具有中国特色的“出口导向型”外贸发展模式，在对外贸易领域取得了举世瞩目的成就，对外贸易已成为拉动中国经济增长的三大引擎之一。虽然中国贸易结构已经有了很大改善，但贸易结构不合理仍是制约中国低碳经济发展的重要因素。贸易结构对中国低碳经济的影响主要体现在以下几个方面。

(1)以货物贸易为主的进出口结构造成大量的能源消耗和严重的环境污染

在现阶段的国际分工体系中，发达国家位于全球产业链分工中金字塔的顶端，而中国在国际产业链分工中充当“世界工厂”的角色，在产业技术含量、附加值和竞争力等方面与发达国家存在较大落差。中国以制造业为依托的世界工厂地位背后，很大程度上依赖能源的投入。与农业和服务业相比，制造业的能源消耗更大，对环境的污染更严重。工业是中国国民经济的主体，也是能源消耗和污染排放的主要领域。工业特别是高耗能行业增长过快，导致中国能源消费增长迅速。2009 年，中国工业能耗占全国一次能源消费的 71.3%，其中高耗能行业占工业能耗的 80%左右。高耗能行业的产能过剩，生产工艺、技术和设备落后的现实状况，增加了能源消耗。2011 年，中国第一、二、三产业的增加值分别为 10.1%、46.8%和 43.1%，第二产业比重远远高于世界平均水平，第三产业比重比世界平均水平低 20%。2012 年，全国规模以上工业增加值按可比价格计算比上年增长 10%，其中，重工业增加值比上年增长 9.9%，轻工业增长 10.1%。由表 4－7 可以看出，从能源消耗总量来看，中国工业的能源消耗量最大，约占能源消耗总量的 70%，农、林、牧、渔、水利业所占比重不到 5%，交通运输、仓储和邮政业的比重为 4%～8%，批发零售、住宿和餐饮业的比重仅为 1%～2%。发展低碳经济意味着必须对高能耗、高排放的工业制定严格的节能减排标准，这必将增加相关产品的生产成本，降低出口产品竞争力，限制中国对外贸易的发展。

表 4－7 中国各行业能源消耗情况

	1990 年	1995 年	2000 年	2005 年	2009 年	2010 年
能源消费总量(万吨标准煤)	98703	131176	145531	235997	306647	324939.15
(1)农、林、牧、渔、水利业(万吨标准煤)	4852	5505	3914	6071	6251	6477.3
占能源消费总量比重(%)	0.0492	0.0420	0.0269	0.0257	0.0204	0.0199
(2)工业(万吨标准煤)	67578	96191	103774	168724	219197	231101.82
占能源消费总量比重(%)	0.6847	0.7333	0.7131	0.7149	0.7148	0.7112
(3)建筑业(万吨标准煤)	1213	1335	2179	3403	4562	6226.30
占能源消费总量比重(%)	0.0123	0.0102	0.0150	0.0144	0.0149	0.0192

（续表）

	1990 年	1995 年	2000 年	2005 年	2009 年	2010 年
(4)交通运输、仓储和邮政业（万吨标准煤）	4541	5863	11242	18391	23692	26068.47
占能源消费总量比重(%)	0.046	0.0447	0.0772	0.0779	0.0773	0.0802
(5)批发、零售业和住宿、餐饮业（万吨标准煤）	1247	2018	3048	4848	6412	6826.82
占能源消费总量比重(%)	0.0126	0.0154	0.0209	0.0205	0.0209	0.0210
(6)其他行业（万吨标准煤）	3473	4519	5762	9255	12690	13680.50
占能源消费总量比重(%)	0.0352	0.0344	0.0396	0.0392	0.0414	0.0421
(7)生活消费（万吨标准煤）	15799	15745	15614	25305	33843	34557.94
占能源消费总量比重(%)	0.1601	0.1200	0.1073	0.1072	0.1104	0.1064

(2)以加工贸易为主的贸易方式易导致高能耗、高污染

自改革开放以来，中国的加工贸易从无到有、从小到大，得到了迅猛的发展。以制造业为基础的加工贸易出口增速高于一般贸易，使得中国“世界工厂”的特征更加突出。实践证明，加工贸易符合中国国情，是中国利用国际、国内两个市场和两种资源，缓解就业压力、参与国际分工的重要形式。在今后相当长的一段时间内，加工贸易仍将是中国主要的贸易方式。但是，中国长期以追求资金积累和规模扩张为目的的招商引资政策，导致加工贸易过度发展，加工贸易比重过大，并且以低技术含量的产品加工为主，真正通过自主研发以一般贸易方式完成的高新技术产品出口比例相当低。中国加工贸易主要集中在简单零部件的配套生产和最终产品的组装上，不具备核心技术和竞争力，即处在国际分工“微笑曲线”的最低端。一般在加工贸易中，高端环节（研发、品牌）获得的利润占产品利润的 90%～95%，而低端环节（加工组装）获利仅占 5%～10%，甚至更低。中国以加工贸易为主的外向型经济发展方式虽然有力地拉动了中国经济增长，但却给节能减排工作带来了沉重的负担。

20 世纪 90 年代中期，随着改革开放的扩大和深化，中国成为世界上吸引外资最成功的国家之一。发达国家利用中国丰富、廉价的劳动力资源和相对宽松的招商引资政策，将其国内一批劳动密集型的夕阳产业和高能耗、高污染产业转移到中国。其中，制造业是外商投资的主要领域，占外商总投资的 50%以上，有的年份甚至超过 60%。中国制造业以原材料或零部件的加工、装配和组装为主体，而对产品的研发、设计、销售、服务等环节相对较少，这是造成中国制造业高能耗、高污染的主要原因。国家发改委的一份报告指出，1995 年投资于资源消耗和污染密集产业的外商占外商总数的 30%左右，到 2005 年，这一比重迅速上升到 84.19%。外商投资的重点行业主要包括能源、钢铁、化工、石化、机械、印染、橡胶、建筑材料等高能耗、高污染产业，而投资于环保产业的比例却不到总投资的 0.2%。

(3)出口产品以中低端制成品为主,高新技术产品比重较低

在多年的对外贸易过程中,为了适应国外市场需求的变化,中国不断调整出口产品结构,传统劳动密集型产品出口所占比重下降,机电产品出口比重不断提高,高新技术产品出口不断扩大(见表 4-8)。中国目前出口主要依靠低成本数量扩张,高附加值的科技产品出口比重较小,自主知识产权和自主品牌的商品出口更少,而且出口质量和效益不高。按照技术含量分类法可以将工业制成品分为低技术含量制成品、中等技术含量制成品和高技术含量制成品。1990 年,中国低技术含量制成品和中等技术含量制成品出口占总出口的 60%左右,而高技术含量制成品出口比重仅占 5.3%;2000 年,高新技术产品出口占出口比重的 14.9%,但低技术含量制成品和中等技术含量制成品出口比重仍超过 60%。

表 4-8　1980—2010 年中国出口商品结构

	1980 年		1990 年		2000 年		2010 年	
	金额（亿美元）	比重（%）	金额（亿美元）	比重（%）	金额（亿美元）	比重（%）	金额（亿美元）	比重（%）
出口商品总额	181.2	100.0	620.9	100.0	2492.1	100.0	15777.5	100.0
初级产品	91.1	50.3	158.9	25.6	254.6	10.2	817.2	5.2
工业制成品	90.1	49.7	461.8	74.4	2237.5	89.8	14962.2	94.8
化学品及有关产品	11.2	6.2	37.3	6.0	121.0	4.9	875.9	5.6
按原料分类制成品	40.0	22.1	125.8	20.3	425.5	17.1	2491.5	15.8
机械及运输设备	8.4	4.7	55.9	9.0	826.0	33.1	7803.3	49.5
杂项制品	28.4	15.7	126.9	20.4	862.8	34.6	3776.8	23.9
未分类的其他商品	2.1	1.2	116.3	18.7	2.2	0.1	14.7	0.1
机电产品 *	13.9	7.7	110.9	17.9	1053.1	42.3	9334.3	59.2
高新技术产品 *	—	—	—	—	370.4	14.9	4924.1	31.2

注:机电产品和高新技术产品中包含部分相互重叠的商品。

在出口商品上,中国长期以矿物燃料、化学产品、原料制成品、高耗能金属制品、低端机械设备出口为主,近些年,钢铁等能源密集型产品出口大幅增加。2012 年,中国机电产品和劳动密集型产品出口稳定增长。其中,机电产品出口 11794.2 亿美元,增长 8.7%,占中国外贸出口总值的 57.6%;服装、纺织品、鞋类、家具、塑料制品、箱包和玩具等 7 大类劳动密集型产品出口 4188.9 亿美元,增长 8.6%,占中国外贸出口总值的 20.4%。

以中低端制成品出口为主的贸易结构,增加了中国的资源和环境压力。中国工业制成品在出口商品中所占比重已经达到世界先进水平,但工业制成品中低附加值产品的比重较高。中国的出口产品主要包括矿物燃料、原料制成品、高耗能金属制品以及一般低端机械设备等产品,属于能源密集型、高污染产业,产品技术含量较低,且行业间同质化现象严重。这种以中低端制成品为主的出口结构决定了产品附加值低、企业利润空间有

限，只能依靠批量生产、扩大出口规模来提高利润，但这必然消耗大量的能源和原材料，导致碳排放量不断增加。同时，迫于生产成本的压力，在生产过程中使用价格低廉的能源（例如煤炭）成为多数企业的现实选择，这也是生产过程中高碳排放的主要原因。因此，增加高新技术产品出口是获得国际技术扩散和国际高新技术产业分工利益的必要手段，是推动中国传统产业结构调整，保证外贸出口稳定增长和国民经济持续发展的必然选择。

（4）贸易伙伴过于集中

改革开放以来，中国的外贸出口对象主要集中在美国、日本、韩国、东盟、欧盟等少数发达国家和地区。商务部统计数据显示，中国10大贸易伙伴国的进出口占当年进出口总额70%以上，2012年对这些国家出口占总出口的70.23%。1999年之后，中国对美国出口市场的依赖程度较高，出口比重一直维持在20%左右。与发达国家相比，中国的绝大多数产品生产中比较优势存在很大的差距，形成了产业间分工和产业内分工。中国对这些国家和地区的出口商品不仅数量大，而且以机电产品、服装、玩具、纺织品等劳动密集型产品为主。2010年中国对欧盟、美国、日本的出口额分别为3112亿美元、2833亿美元和1211亿美元，占中国国际市场份额的45.4%。出口市场高度集中的贸易格局对中国出口贸易产生了巨大的影响，一旦这些国家和地区市场出现波动和变化，将大大削弱中国抵御风险的能力。

随着发达国家节能减排技术的进步，对碳减排的要求从国内扩展到国际贸易，国际贸易中的绿色贸易壁垒将会越来越多，甚至会愈演愈烈，成为非关税壁垒的重要组成部分。低碳贸易壁垒是在低碳经济基础上兴起的一种新型贸易规则，是发达国家为降低碳排放而采取的直接或间接限制甚至禁止贸易的保护措施。尤其是在2008年全球金融风暴后，许多国家以环境保护为借口，纷纷采取计算碳足迹、征收碳关税、制定低碳认证标准、扩大企业碳信用交易范围等措施，对广大发展中国家的出口贸易设置贸易障碍，使中国在面临贸易摩擦时缺乏回旋的余地。

4.2.3.3 高碳锁定效应

未来10年内，碳排放的持续增长要求各国加大减排幅度和力度。荷兰环境评价机构的研究表明，如果全球碳排放推迟10年达到高峰，那么每年所需要的最大减排率将翻倍，超过5%。因为现存的基础设施和设备在其经济生命周期内不能轻易被淘汰，一旦在其经济生命周期前淘汰，将导致更高的成本。

“碳锁定”（Carbon Lock - in）的概念最早由西班牙学者 Gregory C. Unruh 在1996年的《理解碳锁定》一文中提出，随后他又在《解除碳锁定》《碳锁定的全球化》等文章中深化了对“碳锁定”内涵的理解。工业革命以来，在既定的技术水平下，形成对化石能源的高度依赖，政治、经济、社会与这种技术结成一个“技术-制度复合体”（Tec - Institutional Complex，TIC）。一旦稳定的技术制度系统得以形成，就会在内在惯性的作用下导致市场和政策对更好的技术和行为的推广形成阻碍。碳锁定是产业集群在其演进发展过程中由报酬递增所引起的对初始路径和规则的依赖，即一旦选择了某种道路就很难改变，所以在演进过程中会进入一种类似锁定的状态。所谓锁定效应是指低效基础设施、机器设备及个人大件耐用消费品等一旦建成，其使用年限一般都在15年乃至50年以上，期间不大能轻易废弃，即技术与投资都会被“锁定”。“碳锁定”是发展中国家工业化过程中，建成的生产设施具有资本密集度高、碳排放强度大、使用寿命长等特点，一旦装备了低效率、高排放的技术，其高排放的特性将长期被锁定，否则将导致巨大的重置成本。当工业经济处于碳锁定状态，尤其是锁定在碳密集的化石燃料系统，在技术和制度的共同作用下，以碳为基础的长期收益递增的能源系统会产生锁定效应，对低碳经济、可再生能源等低碳技术创新形成巨大的阻力。碳锁定及由此形成的障碍主要表现在：现有技术的支撑系统阻碍了低碳技术的创新；相比现有技术，低碳技术创新面临更大的不确定性；低碳技术创新伴随着高昂的成本支出。表 4－9 简单总结了碳锁定的来源。

表 4－9　碳锁定的来源

碳锁定的来源	例　子
技术方面	主导技术，标准的技术架构和组件，兼容性
机构方面	例程、培训、部门化、客户和供应商关系
产业方面	行业标准，技术间的相关性，合作的专门资产
社会方面	系统社会化，偏好和期望的配置
制度方面	政府的政策干扰，法律框架，部门/部委

能源基础设施建设对长期温室气体排放具有较大的影响。IPCC 报告指出，到 2030 年，全球能源基础设施建设投资将超过 200000 亿美元。中国正处于工业化的快速发展阶段，能源基础设施建设资本密集度高、碳排放强度大、使用生命周期长，以化石能源为基础进行大量资金和技术投入，其高碳排放的特性将被长期锁定。国际能源机构估算，2001—2030 年的 30 年间，中国能源部门需要投资 23000 亿美元，其中 80％用于电力投资。当前中国正处于高能耗的经济发展阶段，如果不发生重大科技革命，将面临“碳锁定”问题。中国低碳技术水平有限，大规模的基础设施建设不可能停下来。现有能源系统的转换需要巨大的投资，已经投入的巨大的固定资产正常情况下需要几十年才能收回成本。中国电力工业是煤炭的最大用户。据估计，到 2030 年，中国将新增发电能力 126 万兆瓦的发电站，其中 70％为燃煤电站。在今后电力发展过程中，如果仍使用传统的燃煤发电技术，则在未来若干年内这些发电站还会产生较高的碳排放。中国这种高碳锁定的局面，是当前中国重化工工业规模过大、城镇化加速发展特定阶段、以煤为主的能源结构、中国在国际分工中低端位置、过度强调发展速度以及政府主导的外向型经济发展战略等六大因素综合作用的结果。“高碳锁定”成为后危机时代影响中国经济持续健康发展的一个重要问题。要解决这一难题，必须从中国特定阶段的具体国情出发，转变经济发展方式，积极发展低碳经济，在生产中采用先进技术和设备，合理规划城市发展，倡导节约型消费模式，走低能耗、低污染、低排放的发展道路。

第5章 中国向低碳经济转型的路径选择

5.1 低碳经济:中国经济发展方式转变的必然选择

进入21世纪以来,中国经济发展主要依靠投资、出口拉动和高能耗、高排放的工业部门的扩张。在中国经济发展取得举世瞩目成就的同时,也付出了惨痛的资源和环境代价,粗放型经济增长方式难以持续。2009年党的十七届四中全会首次提出了“转变经济发展方式”的口号,这与之前所提的“转变经济增长方式”有着本质区别。要认清中国仍处于并将长期处于社会主义初级阶段的现实,把转变经济发展方式作为解决中国经济发展瓶颈的关键。2010年10月18日,“十二五”规划提出要加快转变经济发展方式,强调转变经济发展方式要做好“五个坚持”,即坚持把经济结构战略性调整作为主攻方向,坚持把科技进步和创新作为重要支撑,坚持把保障和改善民生作为根本出发点和落脚点,坚持把建设资源节约型、环境友好型社会作为重要着力点,坚持把改革开放作为强大动力。转变经济发展方式是实现中国低碳经济发展的根本路径,也是对社会经济领域的一场深刻变革,有利于提高发展的全面性、协调性和可持续性。

低碳经济不仅强调低能耗、低污染、低排放,而且是具有全局性和战略性的一种发展模式。首先,低碳经济不是一个单纯的技术或经济问题,而是一个涉及政治、经济、社会、技术、环境系统的综合性问题,是一项全面复杂的系统工程。低碳经济发展需要政府在政策、资金上给予支持,通过技术创新调整和优化能源结构,减少碳排放,提高经济增长的质量,实现人类社会与自然环境的协调发展。其次,低碳经济是一种长期的、具有战略性的发展模式。发展低碳经济要求改变经济增长方式、能源消费方式和人类生活方式,因此,从“高碳”经济向“低碳”经济转型,不是在短期内对人们经济活动、生产方式和生活方式的微调,而是人类为了适应自然环境的发展变化趋势所做出的一项长期的战略选择。向低碳经济转型是中国经济可持续发展的必然选择,实现低碳转型的关键是构建低碳经济发展的理论框架。具体来讲,低碳经济发展模式是以低碳经济理论为指导,以低能耗、低污染、低排放为基础,以低碳发展为努力方向,以节能减排发展方式为重点,以低碳技术为发展方法和手段,以可持续发展为目的的绿色、循环发展模式。低碳经济发展模式如图5-1所示。

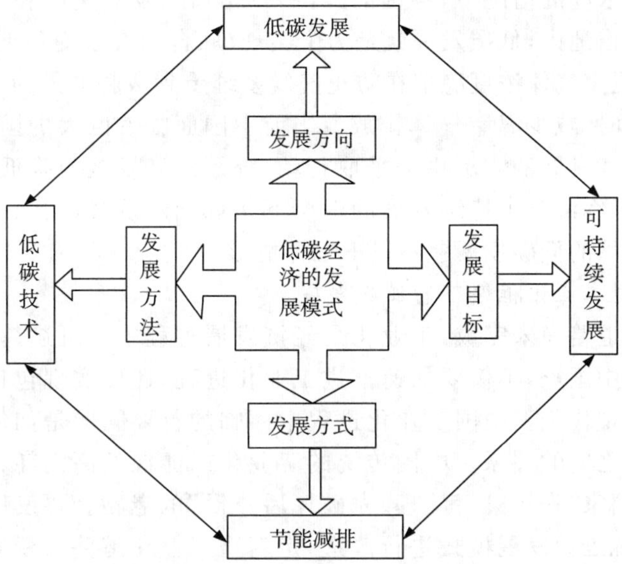

图 5-1　低碳经济发展模式

5.1.1　发展方向：低碳发展

低碳发展不同于低碳经济，两者是有机统一的互补关系。低碳经济是一种经济形态，低碳发展强调的是一种发展模式，向低碳经济转型的过程就是低碳发展的过程。所谓低碳发展是以低消耗、低污染、低排放为基础，在经济社会快速、健康发展的同时，最大限度地减少温室气体排放。低碳发展是“低碳”与“发展”的有机结合，重点在低碳，目的在发展，通过低碳途径实现更有竞争力、更可持续的发展。发展不能被低碳所束缚，不能一味地降低二氧化碳排放而制约经济发展，不能一味地追求经济增长而忽视减排，也不能靠牺牲生态环境和人民健康来换取经济增长。气候变化和环境问题是在发展过程中出现的，必须通过发展来解决，而不可能通过遏制经济发展来实现低碳。低碳发展的根本有效方法是把发展的收益返还到环境保护和低碳经济建设之中，实质上就是“羊毛出在羊身上”。

低碳发展对于发达国家和发展中国家具有不同的含义。发达国家的低碳发展是在基本上解决了工业化对传统环境的影响之后所倡导的发展模式，其目标是绝对的低碳发展。发达国家的低碳经济是建立在先进生产力的基础上，它们已经实现了高层次的人文发展，未来碳排放的空间有限，应该在维持高人文发展水平的同时，实现碳排放总量的绝对降低。对于发展中国家而言，低碳发展目标应该是相对的低碳发展。发展中国家生产力和技术水平有限，低碳经济的起点较低，人文发展的基本需要尚未得到满足，经济发展与碳排放存在不可调和的矛盾。因此，发展中国家的低碳发展是在经济总量增加的同时实现碳排放的相对下降。

低碳发展的实现方式有很多种，而每种发展方式的碳排放情景往往存在差别。在给定大气中温室气体浓度的情况下，各国的经济发展路径、发展速度和经济规模会受到一定的硬性约束。通俗地讲，低碳发展就是为了实现《联合国气候变化框架公约》的最终目标——“把大气中温室气体浓度稳定在防止气候系统受到威胁的人为干扰的水平上”，在保持经济增长的同时，减少温室气体排放。当前中国面临着巨大的国际碳减排压力，中国应根据自身可持续发展的需求主动采取行动，统筹经济发展与降低碳排放两个大局，在新型工业化、市场经济与可持续发展的框架下实现低碳发展，增强中国低碳经济发展的动力和活力。中国的低碳发展包括以下三种情形。

5.1.1.1　新型工业化框架下的低碳发展

中国的工业化道路尚未完成，工业化是经济发展过程中不可逾越的历史阶段，尤其是中国这样的发展中国家，不仅要加速推进工业化进程，还要实现包括农业在内的全面的工业化、市场化、现代化。中国工业化进程中面临的首要问题是如何处理低碳经济与当前经济社会发展之间的关系。中国传统的工业化以能源的高消耗、高排放、高污染为特征，走的是发达国家“先污染后治理、先破坏后建设”的老路。要发展工业又要减少碳排放，就必须对传统工业发展模式进行改造，走新型工业化道路。新型工业化是以科学发展观为指导，以基础产业和制造业为支撑，以环保型科学技术为动力，把应对气候变化和保护环境作为经济发展的重要战略，坚持以信息化带动工业化，以工业化促进信息化，走出一条科技含量高、经济效益好、资源消耗低、环境污染少、人力资源优势得到充分发挥的可持续发展道路。

走新型工业化道路是解决中国资源与环境发展矛盾的理想模式。经济发展的本质是以最少的生产要素投入获得人们物质和精神的最大满足。传统的工业化是以自然资源和环境资源的低成本、高消耗来换取高生产效率和高经济增长速度。低碳发展并不否定工业化，低碳发展是在可持续发展理念的指导下，利用工业化的高生产效率，节约劳动和物质资本投入，建设资源节约型和环境友好型社会。

实现新型工业化的关键是产业低碳化。在中国工业化发展的初期和中期，片面强调优先发展重工业，不仅导致经济比例关系的严重失衡，而且导致经济增长方式的粗放化和凝固化，造成自然资源的过度消耗和严重的环境污染。低碳发展要求对中国传统产业结构进行调整，逐步建立低碳经济结构，实现三次产业结构的低碳化。

5.1.1.2　市场经济框架下的低碳发展

在市场经济条件下，市场对资源配置起主导和基础性作用，必须在市场机制下通过经济手段推动低碳发展，其原因主要有两个：一方面，高成本的产品供给在市场上缺乏竞争力，不会得到市场的认可，只有在低碳生产方式比高碳生产方式有利可图的情况下，企业才会有生产低碳产品的动力，所以低碳发展的关键在于建立一个合理的低碳生产价格体系和生产要素配置机制。纵观国内外低碳发展历程，其基本路径大同小异：一是政府推动；二是法律法规约束；三是政策引导和市场经济手段的激励。一般情况下，低碳经济市场的推动者主要是企业，但在中国主要是政府推动。中国市场经济体制尚不完善，政府在推动低碳发展方面起主导作用。在市场经济体制下，政府行为作为外部力量，无法为低碳发展提供持续不断的政策激励。因此，要真正实现低碳发展，除了政府的支持和引导外，更重要的是市场机制的推动，必须充分发挥市场机制对低碳经济的基础性调节作用。在市场机制的形成过程中，政府要给予相应的引导。当前，中国低碳市场体制建设的主要任务是完善现有的市场机制，建立起一个既能获得经济效益，又能获得环境效益的市场体系；完善碳排放的约束和交易机制；完善低碳发展投资机制以及完善低碳产品的推广应用机制，最终实现环境资源的有效配置。另一方面，商品价值的实现必须通过市场交换，这也是市场经济的活力所在。市场经济是需求主导型经济，企业要想在市场竞争中保持长期的竞争优势，就必须迎合消费者对低碳产品的需求。企业应当将低碳经济理念贯彻到产品设计、原材料选取、生产过程、产品包装、运输等各个环节，摒弃以单纯追求经济效益最大化为目标的经营理念，建立有利于资源节约和环境保护的生产方式，才能在国内外市场竞争中立于不败之地。

5.1.1.3　可持续发展框架下的低碳发展

中国目前正处于经济转型的关键时期，在转型过程中不可避免地出现各种社会经济问题，人口、资源、环境等方面所面临的硬约束已日渐凸显，外围市场也因为受到国际金融危机的冲击而发生了很大的改变。为了保持经济增速，中国在短期内不能对国际社会承诺进行碳排放总量的控制。中国现阶段的低碳发展是在保证经济增长和人民生活水平提高的前提下，有效控制碳排放的增速与增量。中国是世界上二氧化碳排放量和增量最大的国家，到 2020 年前中国经济仍将快速增长，能源消费以及二氧化碳排放也将持续上升，中国面临着来自国际社会的巨大减排压力。因此，中国需要重新审视如何在严峻的能源和环境问题下实现经济快速可持续发展。中国的低碳发展可以更确切地表述为：不仅要保持适度的经济增长，还要保持资源的合理利用和碳排放的减少。这既符合中国政府的“又好又快”的发展原则，又符合可持续发展的基本思想。

5.1.2　发展方式：节能减排

节能减排是指降低能源消耗和减少污染物排放。节能减排包括节能和减排两大技术领域，二者既有区别，又有联系。节能是在环境、经济和社会可以承受的范围内，通过加强能源管理和技术进步，从能源勘探、开采到消费的各个环节，减少能源浪费，提高能源效率，实现能源利用的高效化、合理化。节能是一个相对指标，通过不同年份能源消耗量的对比，表明单位 GDP 能耗的增加或减少；减排是通过一定的手段和措施降低污染物排放，减排总量用一个绝对数量来表示，反映一定时期内主要污染物排放总量的减少，存在较大难度。一般来说，节能必定减排，而减排却未必节能，所以在减排项目上必须大力推广应用节能技术，避免为了片面追求减排效果而造成能源消耗激增，影响社会、经济和环境效益。

5.1.2.1　“十一五”期间中国节能减排工作进展

2006 年开始，国务院正式启动了“十一五”节能减排计划，采取经济、法律、技术和行政手段，出台了一系列推动节能减排的政策措施，把节能减排作为发展低碳经济的一项具体行动。2006 年 3 月，“十一五”(2006—2010 年)规划纲要中提出单位 GDP 能耗下降 20%，主要污染物排放总量减少 10%的约束性指标。为了落实这两个约束性指标，国务院专门发布了《节能减排综合性工作方案》，提出了“十一五”期间中国节能减排的具体行动计划。

2006年中国经济运行的实践表明，在中国多年来以大规模粗放扩张、盲目追求GDP高增长的惯性推动作用下，许多地方政府还是把追求GDP增速作为经济发展的头号硬指标，而把节能减排的约束性指标置之脑后。结果是，2006年GDP增速达10.7%，超过了原来8%的预期，而单位GDP能耗仅下降1.23%，没有达到下降4%的预期目标，主要污染物和化学需氧排放量不但没有下降，反而分别比2005年增长了1.8%和1.2%，没有达到2%的减排目标。2006年节能减排没有达标，就增加了“十一五”后四年节能减排工作的压力。2007年，中国政府提高了对节能减排战略目标的要求和调控力度。2007年6月，中国政府先后出台了《中国应对气候变化国家方案》《节能减排综合性工作方案》《中国应对气候变化科技专项行动》等多个法律文件和行动计划，表明中国政府推进节能减排和发展低碳经济的决心和勇气。2007年单位GDP能耗比2006年下降3.27%，化学需氧量下降3.14%，二氧化硫排放总量下降4.66%。

“十一五”期间，中国节能减排工作取得了显著成效。2010年与2005年相比，单位国内生产总值能耗下降了19.1%；节能总量达到6.3亿吨标准煤，减少二氧化碳排放14.6亿吨；全国二氧化硫排放量和化学需氧量分别下降14.29%和12.45%；淘汰了7200多万瓦小火电机组，相当于英国或韩国全国的装机容量；森林覆盖率为20.36%，森林蓄积量达到137亿立方米。这不仅大大减缓了中国资源短缺和环境破坏的压力，也为“十二五”期间的节能减排工作奠定了基础。但在指标完成过程中仍存在着诸多问题，一方面，此期间单位GDP能耗只下降19.06%，没有达到20%的约束性指标；另一方面，此期间许多地方为了完成指标强行“拉闸限电”，给人们的工作和生活带来了诸多不便。

5.1.2.2 “十二五”规划对节能减排工作提出的新要求

“十二五”(2011—2015年)规划明确提出了节能减排目标：“十二五”期间，中国要合理控制能源消费总量，大幅降低二氧化碳排放强度，有效控制温室气体排放，将能源消耗强度再下降16%，到2015年单位GDP能耗降低16%，单位GDP二氧化碳排放降低17%；非化石能源占一次能源消费比重从8.3%提高到11.4%；主要污染物排放总量减少8%～10%；森林覆盖率提高到21.66%，森林蓄积量增加6亿立方米。此外，规划中还明确了主要污染物控制总类，在“十一五”化学需氧量、二氧化碳两个类别基础上，又增加了碳强度、氨氮和氮氧化物三个约束性指标。碳强度指标主要是为了履行中国对国际社会的承诺，即到2020年中国碳强度比2005年下降40%～45%；氨氮指标主要针对水体富营养化问题，通过对化学需氧量的控制，使水体恶臭问题得到有效解决；氮氧化物的来源主要是燃煤和汽车尾气，控制氮氧化物排放可以有效缓解光化学烟雾问题。由此可以看出，“十二五”规划提出的约束性指标更加具体明确，表明中国政府对节能减排工作的高度重视。国家统计局2013年公布的数据显示，2012年中国能源消费总量为36.2亿吨标准煤，比2011年增长3.9%。2012年中国GDP增长率为9.82%，是十年来中国经济增速最低的一年，也是能源供需关系最为宽松的一年，但能源消费总量仍然庞大，各行业和各领域节能减排的任务仍十分艰巨。

5.1.2.3 中国节能减排潜力的模型分析

中国现在已经是世界第一大二氧化碳排放国，碳排放增量占全球的70%以上，面临着巨大的国际、国内节能减排压力。2013 年中国经济运行平稳，高耗能行业能源消费继续保持较快增长，雾霾问题突出，节能减排形势严峻。2013 年 8 月，国家发改委要求加快发展节能环保产业，“十二五”期间，节能环保产业年均发展速度要达到 15%以上，到 2015 年环保产业总产值达到 4.5 亿元，成为国民经济新的支柱产业。2013 年 9 月，李克强总理在夏季达沃斯论坛上强调，节能环保产业在中国拥有巨大的市场和发展潜力，发展该产业不仅可以改善环境质量，还能为各国企业在中国创新发展提供巨大商机。

要实现节能减排目标，必须充分挖掘中国在节能和减排方面的巨大潜力。中国节能和减排潜力的大小可以分别用两个模型来分析。经典生产模型中一般包括劳动力和资本两种生产要素，这里把能源也作为一种投入要素加入生产模型中。就产出而言，除了正常的产出外，还经常伴随着污染物排放。因此，生产函数的形式可以写成：$F(L,K,E)=Y(Y,P)$，其中，L 表示劳动力，K 表示资本，E 表示能源，Y 表示收入，P 表示污染物。

图 5－2 中，SS'为等产量曲线，包括劳动力、资本、能源三种要素投入。B 点是等产量曲线与收入预算线的切点，在经济上是有效率的；A 点位于等产量线之外，在现有的技术条件下是不可能达到的，因此无论技术上还是经济上都是缺乏效率的；A'点位于等产量曲线之上，要素配置是有技术效率的，但在经济上是缺乏效率的。从 A 点到 A'点可以达到技术的前沿，但 A'点不是最有效率的点，B 点才是生产的帕累托最优点；从 A'点到 B 点是由于资源配置缺乏效率造成的能源浪费。如果把 B 点作为最有效率的点，A 点的能源效率损失可以分解为两部分：一部分是由于技术无效率而导致的过量资源投入 AA'；另一部分是由于资源配置不当而导致的松弛量 $A'B$。以 B 点能源消耗为参照，$AA''+A''B$ 即为中国的节能潜力。

图 5－3 中，SS'为生产可能性边界，Y_1 为合意性产出，Y_2 为非合意性产出。A 点位于生产可能性边界以内，表明资源未得到充分利用，存在较大的效率损失。B 点位于生产可能性曲线上，在技术上是有效率的；A'点位于生产可能性曲线之外，在技术上是缺乏效率的，但在经济上是有效的。从 A 点到 B 点可以达到技术的前沿，但 A'点是生产的帕累托最优点，从 B 点到 A'点是由于资源配置缺乏效率造成的能源浪费。如果把 A'点作为有效率的点，A 点的产出增加可以分解为两部分：一部分是由于技术无效率而导致的产出不足 AB，其中非合意性产出的转换数据增加 BA''；另一部分是由于资源配置不当而导致的松弛量 BA'。以 A 点产出水平为参照，$BA''+BA'$ 即为中国的减排潜力。

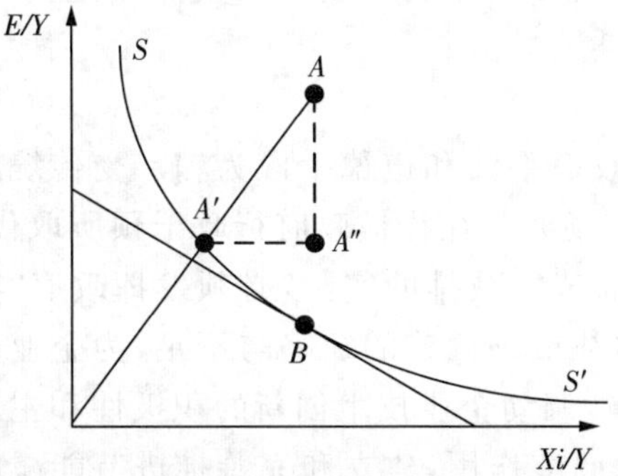

图 5－2　基于投入导向的节能潜力模型

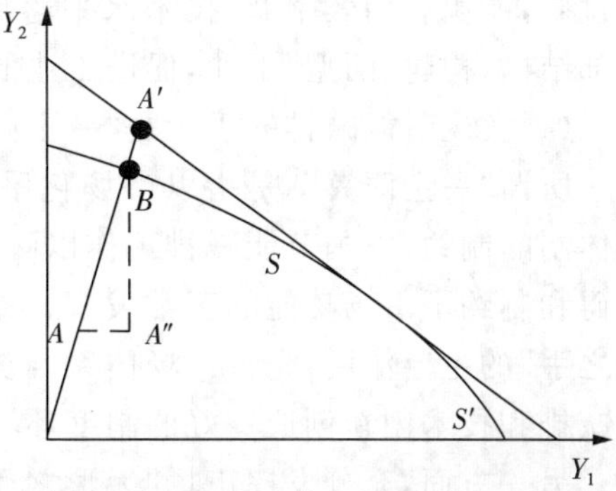

图 5－3　基于产出导向的减排潜力模型

5.1.2.4 节能减排是推动中国向低碳经济转型的有效方式

(1)以节能减排为着力点推动经济增长方式转变

节能减排是中国转变经济增长方式的核心要求。随着节能减排工作的深入推广,推动中国“高投入、高消耗、高排放、高污染、高成本、低效率”的粗放型经济增长方式向“低投入、低消耗、低排放、低污染、低成本、高效率”的集约型经济增长方式转变。节能减排是中国全面落实科学发展观、缓解资源环境压力、实现经济社会全面协调可持续发展的必然要求。节能减排的关键环节是加快技术进步和提高自主创新能力。深化社会主义市场经济体制改革、创新低碳经济制度是节能减排的根本动力。进一步深化改革,不断完善社会主义市场经济体制,有针对性地消除导致经济增长方式粗放化的体制性根源,形成有利于转变经济增长方式的体制机制,充分发挥政府、市场、企业互补互动的合力机制。

(2)处理好节能减排与经济增长速度的关系

受大规模出口和高投资的驱动,中国经济连续 10 多年高速增长,有些年份 GDP 增长率一度超过 10%。中国经济增长过于追求速度,而忽视了增长质量和效益,导致经济过热甚至引发通货膨胀,例如钢铁、水泥、煤炭等行业产能过剩,给经济发展带来了很大的压力。中国当前面临着全面建设小康社会,实现社会主义工业化和现代化的重要任务,需要保持一定的经济增速。可持续发展并不否定经济的快速增长,而是要适当放缓经济增速。必须处理好节能减排与经济增长速度的关系,既实现经济平稳较快增长,又要促进节能减排,实现节能减排与经济增长的双赢局面。在低碳情境下,需要通过维持一定的技术进步速度来适度降低投资速度。从中国经济发展的趋势看,国民经济运行总体平稳,经济增长基本维持在 8%的适度较快水平。这就要求提高增长质量和加快产业结构转型,从而有利于发挥城镇化效应。

(3)节能减排的重点是工业节能减排

这是由中国所处发展阶段和以重化工业为主导的产业结构决定的。“十一五”期间,中国淘汰低能效炼铁产能 1.1 亿吨、炼钢产能 6863 万吨、焦炭产能 1 亿吨、水泥产能 3.3 亿吨、造纸产能 998 万吨。尽管“十一五”期间中国工业节能减排工作取得了进展,但中国工业节能减排仍面临严峻挑战:工业增长主要依靠资源和劳动力的大量投入,并且以牺牲环境为代价;高耗能行业增长较快,工业发展面临资源约束;发达国家大力倡导的碳标签、碳关税、碳交易等绿色贸易壁垒和准则,增加了中国出口产品的压力;中国工业生产过剩,能源利用效率低,技术水平落后。因此,中国必须加快工业节能减排,调整工业内部结构,构建“两型”工业,促进工业的清洁、安全生产。

(4)实现节能减排的手段是“一主两翼”

所谓“一主两翼”,是指以市场化手段为主,以政府手段和道德手段为辅。受传统经济体制的制约,中国节能减排工作以政府为主导,市场调节往往被政府行政干预所取代,阻碍和制约了市场功能的正常发挥。结合中国目前节能减排的实际,必须发挥政府“有形之手”的主导作用,完善市场体系与激励机制,弥补市场调节的缺陷与不足,为企业节能减排和技术创新创造良好的制度环境和市场环境,调动企业技术创新的积极性和主动性。另一方面,充分发挥市场“无形之手”的基础性调节作用,建立和完善推进节能减排工作的长效机制。

5.1.3 发展方法：低碳技术

发展低碳技术是有效应对气候变化并保持经济持续增长的关键。低碳技术又称清洁能源技术，主要是指节能技术、煤的清洁高效利用技术、油气资源和煤层气的勘探开发技术、可再生能源及新能源技术、二氧化碳捕获与埋存等领域开发的降低碳排放的技术等，它主要涉及电力、交通、建筑、冶金、化工、石化等传统部门。发展低碳技术是降低碳排放强度，控制温室气体排放增长的重要措施。

5.1.3.1　低碳技术是世界经济新增长极的引擎

技术进步对经济增长中的劳动力、投资及全要素生产率等基本生产要素具有全面的影响。技术进步是推动经济持续增长的核心动力，这一点早已被世界经济发展历史所证明。技术进步作用的突出表现是，工业革命把科学技术合并到机器中，极大地刺激了化石燃料的推广应用，由此形成了以化石燃料应用为主导的高碳技术体系。在工业化时期，高碳技术极大地推动了劳动生产率的提高和经济的快速增长。低碳经济发展模式作为世界经济新的增长极，依然摆脱不了高碳经济发展模式下的经济增长轨迹，低碳的新兴能源应用及相适用的低碳技术体系，成为低碳经济发展模式下经济增长的新引擎。

低碳经济下的低碳技术革命将在第四次技术革命（又叫新能源科技革命）中扮演举足轻重的角色，它将导致低碳技术在全球范围内的转让，推动全球社会生产力的巨大进步。发展低碳技术是降低能源消耗强度，提高能源利用效率，实现低碳化发展的重要动力。近年来，发达国家十分重视发展低碳技术，尤其是新能源技术和清洁能源技术的开发和利用，力图抢占低碳经济发展的主动权，从而获得更多的政治经济利益。欧盟是低碳经济的发祥地，其低碳经济发展水平与低碳技术研发一直处于国际领先地位。欧盟成员国加大在清洁能源、高新技术产业、节能减排等方面的投入，将低碳产业作为未来经济发展的支柱。到 2013 年为止，欧盟计划投资 1050 亿欧元用于绿色经济，又计划在未来十年内增加 500 亿欧元专门用于发展低碳技术。美国也不甘落后，美国是世界上低碳经济研发投入最多的国家，在 2010 年年度预算中，仅对清洁燃煤技术的研究拨款就高达 150 亿美元，美国能源部又投资 31 亿美元用于碳捕获和碳封存技术研发。日本由于资源贫乏，一直在努力开发创新性高效能源技术，在过去的 30 年中，日本的 GDP 几乎翻了一番，能源效率也提高了 40%，节能技术成为保证日本能源供应稳定的重要支柱。低碳经济发展的国际经验表明，低碳技术对低碳经济发展起着关键性作用。低碳经济的竞争表现为低碳技术的竞争，只有以低碳技术为支撑，低碳经济才能真正实施，才能在未来的低碳世界中获得更多的话语权。

5.1.3.2　低碳技术引领中国经济发展方式的转变

在减缓全球气候变暖和减少二氧化碳排放问题上，技术进步是最重要的因素，其作用超过其他所有驱动因素的总和。中国应当重视技术进步在经济发展中的驱动作用，促进各领域低碳技术的研发和推广。

(1)加快低碳技术研发，增强自主创新能力

从整体上看，中国低碳技术的发展起步较晚、技术基础薄弱、核心技术储备少、整体

技术水平落后,这些成为制约中国由高碳经济向低碳经济转变的主要障碍。2007 年 6 月,中国政府制定了《中国应对气候变化国家方案》,明确提出要依靠科技进步和科技创新应对气候变化,“要发挥科技进步在减缓和适应气候变化中的先导性和基础性作用,促进各种技术的发展以及加快科技创新和技术引进步伐”,并将“先进适用技术开发和推广”作为温室气体减排的重点领域,包括煤炭的清洁高效开发和利用技术、油气资源勘探开发利用技术、核电技术、可再生能源技术、输配电和电网安全技术等。

中国拥有广阔的低碳技术需求,但低碳技术的供给却远远不足,低碳技术供给失衡的突出矛盾使得低碳技术创新显得尤为迫切。中国发展低碳经济的根本出路在于提升自主创新能力,将引进、消化、吸收与自主创新有机结合,实现经济的持续增长和低碳模式的转变。改革开放前和改革开放早期,中国的科技研发活动和资金投入主要是由政府主导,处于较低水平,研发和创新对经济增长的贡献作用不突出。近年来,中国的研发活动和资金投入出现了上升趋势。在能源科技创新方面,要充分利用世界基础科学和应用科学在能源领域的研究成果,完善国家对能源科技创新活动的宏观调控机制,制定能源科技创新活动规划,实施国家科技政策在能源领域的优先发展项目。

(2)把低碳技术创新作为转变经济发展方式的突破口

大多数中国企业没有掌握低碳核心技术,而将重心放在科技附加值相对较低的加工制造业,依靠规模生产和低价策略提升竞争力。因此,中国企业要抓住新一轮科技革命带来的有利机遇,加强能源资源开发与集约利用、生态环境保护和污染治理等重点科技项目攻关,加大低碳产业、低碳产品等方面技术研究的力度,加快形成具有能源化工特色的自主创新体系,推动发展方式由主要依靠资源投入转向更多地依靠智力、技术、品牌、管理等无形资源驱动上来,提高低碳经济技术水平。通过技术创新,提高工业部门技术水平,带动作为工业骨干的整个制造业的革新和发展,推动工业由低质量、低附加值向深加工、高附加值和高技术含量的产业格局转变。

5.1.4 发展目标:可持续发展

可持续发展是一种既兼顾当前发展又注重长远发展的经济增长模式,指既满足当代人的需求,又不损害后人满足其需求的能力。自 1992 年 6 月巴西里约热内卢联合国环境与发展大会召开以来,“可持续发展”这个名词被全世界所熟知。中国是一个人口、资源和环境问题比较突出的国家,尤其是环境问题严重制约了中国经济的发展,走可持续发展道路成为必然选择。21 世纪以来,中国先后制定和实施了“十五”规划、“十一五”规划和“十二五”规划,在科学发展观的指导下,在产业结构转变、环境治理、生态建设、“两型社会”建设等方面取得了举世瞩目的成就。经过多年的努力,可持续发展观在中国已经深入人心,可持续发展政策法律体系不断成熟和完善,已初步形成了具有中国特色的可持续发展模式。在低碳经济背景下,中国的可持续发展具有更加丰富的含义。

5.1.4.1 从低碳经济角度来认识可持续发展

低碳经济与可持续发展的关系表现为:低碳经济与可持续发展是一脉相承的统一体,发展低碳经济是实现可持续发展的必然选择,也为可持续发展提供了行动指南。中国发展低碳经济是可持续发展的内在要求，可持续发展是低碳经济发展的最终目的。从低碳经济角度来认识可持续发展可以获得全新的理解。首先，可持续发展以人类与自然的可持续发展为基础，要求经济发展不能超越资源和生态环境承载力，通过发展低碳经济实现资源、生态、环境、经济的可持续发展。其次，可持续发展是既能够满足当代人的需求，又不对后代人满足其自身需求能力构成危害的发展，也就是说，可持续发展在增加当代人福利的同时，又不会减少后代人的福利，尽量使每一代人平等地享受环境和资源。最后，可持续发展是通过实施可持续经济发展战略，在保护自然环境的前提下，使社会经济发展的净利益最大化。

低碳经济与中国当前大力提倡的建设资源节约型、环境友好型社会在本质上是一致的。它们都强调通过提高能源效率、减少环境污染来获得更多的产出。低碳经济与"两型"社会是相互影响、相互促进的统一体。一方面，发展低碳经济是实现"两型"社会的关键。低碳经济有利于资源节约，更有利于环境友好。低碳经济将为中国"两型"社会建设赢得更大的发展空间，成为可持续发展的重要抓手和突破口。另一方面，建设"两型"社会本身就包含了发展低碳经济，通过"两型"社会建设，为中国低碳经济发展奠定良好的物质基础。

5.1.4.2　对可持续发展的能源解析

可持续发展要求处理好资源、环境、人口三者之间的关系，力求达到资源、环境、社会三个层面的相互协调。在资源层面，随着煤炭、石油等化石能源的开采利用，能源资源将消耗殆尽，日益上涨的能源价格成为现代经济和社会发展的一个主要约束；在环境层面，化石能源的无节制使用是导致全球气候变暖和生态环境恶化的主要原因，将会给人类的生存和发展带来严峻的挑战；在社会层面，能源为人类经济社会发展提供动力来源，能源供应稳定是人类社会发展的重要保证。可持续发展理论解释了"资源-环境-社会"之间的运行机理，经济和社会发展必须以资源和环境的承载力为前提，以资源、环境、社会与经济的协调发展为基础，最终实现经济发展、社会公平、代际兼顾的目的。可持续发展的核心在于正确辨识人与自然、人与人、人与社会之间的关系，要求人们以对自然、他人、子孙后代、社会负责任的态度，去规范自己的行为，创造一个公平、和谐与理性的世界。

5.2　向低碳经济转型的具体措施

高碳能源及低效技术的肆意使用，加上温室气体的无节制排放，使人类在全球气候变暖方面付出了惨痛代价，气候变化和环境污染成为制约人类社会经济发展的主要问题。因此，人们需要认真反思传统经济发展方式的不可持续性，扭转全球变暖趋势，向低碳经济发展模式转型。对于中国来说，目前面临的最迫切的问题就是在经济快速发展的同时减少碳排放，即在技术可行、经济合理的条件下选择适合自身的经济发展方式，在确保达到国家节能减排约束性指标的前提下实现经济快速增长。发展低碳经济是中国应对温室气体减排的国际压力、缓解国内能源供需矛盾和生态环境恶化等问题的主要方式，可以通过产业结构调整、促进技术进步、政府干预和市场调节、能源替代、制度创新以及消费模式转变等途径，突破能源资源约束和经济增长极限，构建低碳经济发展的循环路径。

低碳经济发展的基本路径可以用一个模型来表示，如图 5－4 所示。低碳经济发展用碳生产力（或碳生产率）来表示，假定在初始经济条件下，一个经济体的碳生产力边界为 *CPB*，横轴为能源经济效率，纵轴为技术经济效率，两种经济效率相互影响、相互制约，共同促进低碳经济发展。假定由于产业结构不合理、低碳技术水平有限、低碳管理体制不完善、低碳制度创新不足等机制原因，经济体的低碳增长点没有落在碳生产力边界曲线上，而是位于边界内的 *A* 点。那么，以 *A* 点作为起始点，低碳经济发展主要有从 *A* 点到 *B* 点、从 *B* 点到 *C* 点、从 *B* 点到 *D* 点、从 *C* 点到 *E* 点、从 *D* 点到 *E* 点五种路径机制。

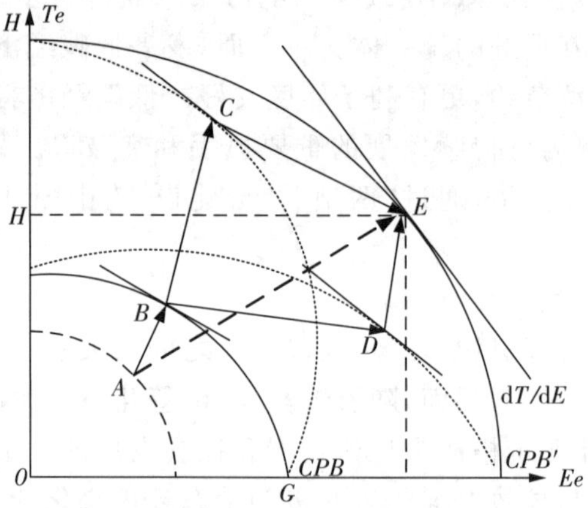

图 5－4　低碳经济发展的路径选择机制模型

根据图 5－4，$A \to B$ 的基本内涵：通过产业结构调整和全面的低碳管理，提高能源利用效率；$B \to C$ 的基本内涵：通过技术创新减少碳排放，从而促进碳生产率的提高；$B \to D$ 的基本内涵：通过能源替代主要是能源结构调整，提高碳生产力；$C \to E$ 或 $D \to E$ 的基本内涵：通过制度激励或政策支持提高碳生产力。根据碳生产力增长的几种路径机制，低碳经济发展的路径选择可以概括为以下几个方面。

5.2.1　调整和优化产业结构

产业结构又称国民经济的部门结构，是指各产业部门中各种生产要素的分配状况。产业结构反映了一个国家或地区各产业之间的联系和比例关系。产业结构演进反映了经济发展过程中一个国家或地区经济增长方式和发展模式的变化，对一个国家或地区的生态环境有重要影响。产业结构类型影响碳排放量与收入水平：一般来说，资本密集型行业的碳排放强度较高，因而资本密集型产业主导的经济增长，碳排放与收入增长呈正相关；劳动密集型行业的碳排放强度较低，因而劳动力密集型产业驱动的经济增长，碳排放与收入增长可能呈负相关。所以，低收入水平（或处于较低发展阶段）的国家可以通过发展低碳产业提高碳生产率，促进经济增长。当然，高收入国家发展低碳经济具有一定的优势，因为它们的边际支付意愿较高，能够承担起较高的研发费用，实施较为严格的气候政策，因而碳排放与收入增长呈负相关。

产业结构变动对碳排放强度变化的影响包括两个方面：一是正效应，又称结构红利(Structural Bonus)效应；二是负效应，又称结构负担(Structural Burden)效应。本书用指数分解法来分析产业结构变动对碳排放强度变化的影响。根据碳排放强度的定义，可以将其分解为：

$$CI = \frac{CE}{GDP} = \sum_i \frac{CE_i}{GDP} = \sum_i \frac{GDP_i}{GDP}\frac{CE_i}{GDP_i} = \sum_i S_i I_i \tag{5-1}$$

式(5－1)中，CI 表示二氧化碳排放强度，用二氧化碳排放量(CE)占国内生产总值(GDP)的比重表示；i 表示产业部门；S_i 表示 i 产业的产值比重；I_i 表示 i 行业的碳排放效率。根据公式(5－1)可以将当期与基期的碳排放强度的差异分解为两部分：

$$\Delta CI_{\text{tot}} = CI^T - CI^0 = \sum_i S_i^T I_i^T - \sum_i S_i^0 I_i^0 = AC_{\text{str}} + AC_{\text{int}} \tag{5-2}$$

式(5－2)中，AC_{str} 表示产业结构变动对碳排放强度变动的绝对贡献(Absolute Contribution)，AC_{int} 表示行业效率变动对碳排放强度变动的绝对贡献。

对式(5－2)采用对数平均迪氏指数法(LMDI)进行分解，则有：

$$AC_{\text{str}} = \sum_i L\left(\frac{CE_i^T}{GDP^T}, \frac{CE_i^T}{GDP^0}\right) In\left(\frac{S_i^T}{S_i^0}\right) \tag{5-3}$$

$$AC_{\text{int}} = \sum_i L\left(\frac{CE_i^T}{GDP^T}, \frac{CE_i^T}{GDP^0}\right) In\left(\frac{I_i^T}{I_i^0}\right) \tag{5-4}$$

根据式(5－3)和式(5－4)，则有：

$$L\left(\frac{CE_i^T}{GDP^T}, \frac{CE_i^T}{GDP^0}\right) = \frac{\dfrac{CE_i^T}{GDP^T} - \dfrac{CE_i^T}{GDP^0}}{In\dfrac{CE_i^T}{GDP^T} - In\dfrac{CE_i^T}{GDP^0}} \tag{5-5}$$

结合式(5－2)和式(5－3)，可得式(5－6)和式(5－7)：

$$RC_{\text{str}} = \frac{AC_{\text{str}}}{\Delta CI_{\text{tot}}} \tag{5-6}$$

$$RC_{\text{int}} = \frac{AC_{\text{int}}}{\Delta CI_{tot}} \tag{5-7}$$

其中，RC_{str} 表示产业结构变动对碳排放强度变动的相对贡献(Relative Contribution)，AC_{int} 表示行业效率变动对碳排放强度变动的相对贡献。

根据式(5－6)和式(5－7)，碳排放强度有两个指标：第一，当 $\Delta CI_{\text{tot}} \geqslant 0$ 时，说明应对气候变化和低碳转型的政策缺乏成效，环境将继续恶化；第二，当 $\Delta CI_{\text{tot}} < 0$ 时，说明应对气候变化的政策发挥了作用，经济发展方式由粗放型向集约型转变。在第二种情况下($\Delta CI_{\text{tot}} < 0$)：如果 $AC_{\text{str}} < 0$ 且 $RC_{str} > 0$，产业结构变动对降低碳排放强度是结构红利贡献；如果 $AC_{\text{str}} \geqslant 0$ 且 $RC_{\text{str}} \leqslant 0$，产业结构变动对降低碳排放强度是结构负担贡献。

从世界大部分国家和城市节能降耗的实践经验来看，经济结构调整能够有效地降低单位GDP耗能和单位GDP碳排放量。经济结构调整包括产业结构优化、产品结构升级、能源价格与绩效等三个方面。

5.2.1.1　产业结构优化

在一个非均衡的经济中，不同产业部门的要素边际生产率不相等，要素和资源在不同部门之间的流动会促进经济体的全要素生产率（TFP）的提高。产业结构优化的途径是通过提升资源配置效率，实现经济增长的目的。产业结构优化是指各产业间协调能力的增强和产业间关联程度的提高。产业结构优化是建立在社会生产技术进步的基础上，通过新技术的开发、引进、应用和扩散，打破原来的产业相对均衡状态，推动产业结构向更高层次演进和发展。产业结构优化是提高资源配置效率和实现经济增长的客观要求。产业结构的实质可以看作是资源转化器，产业结构优化是资源转化器运转效率和质量不断提高的基础。在产业结构对于节能减排具有促进作用的问题上，学术界基本上保持一致和肯定的态度。本节在借鉴相关学者研究成果的基础上，进行理论分析。

产业结构首先影响能源消费，进而影响碳排放。按照产业结构的三次产业分类法，假定一个经济体中有农业、工业和服务业三个产业部门。建立产业结构与能源消费之间的关系模型：

$$e = E/S \tag{5-8}$$

式（5-8）中，e表示能源消费与产业结构的关联程度；E为一次能源消费量；S为产业结构优化指数，可表示为$S = \sum\left(\frac{Y_1}{Y_1}, \frac{Y_2}{Y_1}, \frac{Y_3}{Y_1}\right)$。

由式（5-8）可知，随着产业结构的不断优化，其指数值即S值（分母）变大，在一次能源消费量E一定的条件下，e值变小，能源消费与产业结构的关联程度会降低，意味着能源消费增长率越低，产业结构优化程度越高，最终单位产品的碳排放量就会越少；反之，单位产品的碳排放量则增加。从产业结构优化与能源消费的模型来看，随着产业结构的不断优化，单位产品的能源消费会不断减少，碳排放量也会随之减少。所以，得出的基本结论是产业结构调整具有节能减排效应。

产业结构优化包括产业结构的高级化与产业结构的合理化。

（1）产业结构高级化

产业结构高级化又称产业结构升级，是指通过技术进步，国民经济部门的结构重心由以农业为主的第一产业向以能源和劳动密集型为主的第二产业转移，再由第二产业逐渐向以金融和技术为主导的第三产业转移，即产业重点、要素密集度、产品形态依次从低级形态向高级形态逐渐演变的趋势和过程。产业结构高级化的变化值用W表示：首先根据三次产业分类法将国民经济部门划分为三个部分，每一部分产业增加值占GDP的比重是空间向量中的一个分量，从而得出一组三维向量$\boldsymbol{X}_0 = (x_{1,0}, x_{2,0}, x_{3,0})$。然后分别计算$\boldsymbol{X}_0$与第一、第二、第三产业的向量$\boldsymbol{X}_1 = (1,0,0)$，$\boldsymbol{X}_2 = (0,1,0)$，$\boldsymbol{X}_3 = (0,0,1)$的夹角$\theta_1$，$\theta_2$，$\theta_3$：

$$\theta_j = \arccos\left[\frac{\sum_{i=1}^{3}(x_{i,j} \times x_{i,0})}{(\sum_{i=1}^{3}(x_{i,j}^2)^{1/2} \times \sum_{i=1}^{3}(x_{i,0}^2)^{1/2}}\right], j=1,2,3 \tag{5-9}$$

产业结构高级化值 W 的计算公式为：

$$W = \sum_{k=1}^{3}\sum_{j=1}^{k}\theta_j \tag{5-10}$$

W 的值越大，表明产业结构高级化水平越高。产业结构高级化包括产业高附加值化、产业高技术化、产业高集约化和产业高加工度化四个方面的内容。从横向看，经济发达程度与第三产业在国民经济中的比重呈正比，即经济越发达，居民收入越高，第三产业比重越高；从纵向看，经济发展和社会进步会带动第三产业的发展。第三产业不需要过多的资源投入，需要的是更多的人力资本和技术投入。因此，加快第三产业发展，提高第三产业和高新技术产业在国民经济中的比重，是实现产业结构升级和节能减排目标的必要途径。

(2)产业结构合理化

产业结构合理化是指在一定的经济发展阶段，为了提高经济效益，根据本国的技术水平、消费结构、资源禀赋和人口素质，对当前不合理的产业结构进行调整，实现生产要素的合理配置，实现国民经济各部门的协调发展。产业结构合理化是产业结构内部质的变化，这种质的变化包括产业规模的扩大、产业部门分工的细化、生产专业化、生产技术水平的提高，产业结构由劳动密集型、能源密集型为主向技术密集型、知识密集型为主的结构转变。通过各产业之间的相互协调，增强产业结构的转换能力，适应市场需求的变化，使各产业之间的比例关系、经济技术联系和相互作用关系趋向平衡。

产业结构的合理性是衡量一个国家或地区经济发展水平的重要尺度，因为产业结构的合理性与否在很大程度上决定了单位能源消耗：产业结构愈合理，意味着经济体中大部分的生产潜力都发挥出来，单位产品所消耗的能源就愈少；产业结构愈不合理，意味着经济体中有一部分生产潜力没有发挥出来，有一部分能源未被有效利用，单位产品所消耗的能源就愈多；产业结构愈畸形，能源浪费就愈严重。由于不同产业对能源的消费不同，单位产品所消耗的能源相差悬殊。

总的来说，产业结构高级化与合理化是两个层次的概念，高级化属于微观层面，合理化属于宏观层面。一般情况下，产业结构优化首先要进行高级化，然后经过合理化之后，为更高层次的高级化奠定基础，使得产业结构优化升级呈现螺旋式上升的局面。

5.2.1.2　产品结构升级

低碳经济意味着更多的低碳产品被生产、交换和消费。随着生产力的发展和科学技术的进步，各种新工艺、新产品层出不穷，产品结构也在努力向高质量、高层次、高附加值方向发展。作为一种集约型的经济发展模式，低碳经济要求以产品为链条，在产品的设计，原材料的选择，产品的生产、销售、消费等各个环节，全面、系统地贯彻低碳经济的基本思想和观念。

产品结构升级包括优化出口商品结构和能源结构。一方面，优化出口商品结构就是要改变单一的出口结构，在保持传统出口产品竞争力的同时，积极培育新的出口创汇增长点，增加高新技术产品的出口比重。另外，对产品进行深加工，提高单位产品附加值和技术含量，建立完整的垂直一体化产业链，延伸产业链条，实现产业的规模集聚效应，降低产品生产成本。另一方面，优化能源结构就是通过调整各类能源在生产和消费中的比例，减少化石能源的生产和消费，提高新能源与可再生能源比重，以能源的可持续发展和有效利用来支持经济社会的可持续发展。从供给角度看，随着技术进步和产业结构优化升级，能源结构也在逐步向优质、高效的方向发展。随着勘探开采的技术逐步提高，能源结构经历了薪柴→煤炭→石油→油气为主的演变过程。在电力供应方面，发电设备的技术含量不断增加，实现了煤电、水电、核电、风电及太阳能发电等多元化的能源供给。

5.2.1.3　能源价格与绩效

近年来，国际能源市场投机因素增加，宏观经济及地缘政治局势都出现了新的不确定因素，导致国际能源市场出现动荡。国际能源价格的波动导致财富在能源出口国和进口国之间重新分配，对世界政治、经济格局产生了较大的影响。石油主产区国家凭借其能源优势，大量出口能源，获取了巨额财富，同时又积极开展能源外交，在一定程度上改善了对外政治经济关系；石油进口大国为了避免能源成为制约经济发展的瓶颈，加快了占有和获取能源的步伐。在国际能源贸易方面，能源的生产和消费也发生了明显变化：在生产过程中，传统能源的比重将不断下降，而新能源的比重日趋上升；在消费过程中，高能耗、高污染、高排放产品的比重不断下降，而低碳产品的比重日趋上升。

(1)完善能源价格体系

能源价格通过影响其产品成本而进一步成为影响单位产品能耗的一个重要变量。能源价格对单位产品能耗的影响包括两方面：一是产出效应，在完全竞争市场中，能源价格上升会增加高耗能行业的投入成本，企业就会紧跟资源价格随之上调产品价格，产品价格上涨将导致部分高耗能产品需求减少。二是替代效应，如果能源与其他生产要素相比价格更高，为了降低生产成本，生产者会寻找更廉价的替代能源或选择更高效的节能技术，从而促使能源强度下降。因此，提高能源价格是抑制高耗能产业过快发展，促进节能减排和降低能源强度的最有效手段。

能源为国民经济发展提供动力，是关系国计民生的重要基础产业和公共事业的生产资料和生活资料。在现代社会中，作为基本燃料的煤炭、油气、电力等能源与企业经济活动和居民生活直接相关，导致了能源价格改革的重要性、复杂性和敏感性，既影响经济发展，又影响社会和谐与稳定。另外，能源行业大部分被国有企业所垄断，使得政府可以有效控制能源价格。但从经济学角度看，垄断往往会导致能源价格偏离其真实价格，能源价格过低容易出现超额需求，即供应无法满足消费者需求，这是因为价格调低以后，能源行业相应的能源供应量就会减少，而消费者的需求却持续攀升。如果能源供应长期不足，不仅容易导致消费者的心理恐慌，引起能源市场混乱，而且还影响经济的健康发展。市场垄断行为阻碍了能源价格改革向真正意义上的市场化改革推进。政府对宏观经济形势的判断往往不够敏锐迅速，导致能源价格改革滞后于经济发展需要，既影响了能源价格的改革进程，又影响了经济结构调整的有效性。如果不能通过提高能源价格来抑制高耗能产业的过快发展，经济结构调整将困难重重。因此，制定反映能源成本的价格是调整经济结构和实现经济可持续发展的重要保证，走能源产业市场化道路是未来发展的主要趋势。

(2)加快能源价格机制改革

价格机制是市场经济中优化资源配置的主要机制，也是国家宏观调控的重要手段。长期以来，中国的资源价格主要是依据资源的生产成本加平均利润形成的，这种定价方式只反映了资源的生产或开发成本，而忽略了其环境成本和机会成本。政府定价的主要弊端在于，把原本建立在各种市场主体分散、独立决策基础上的复杂市场行为简化成了政府部门、能源企业、社会舆论之间的三方博弈，最终导致能源价格失真或扭曲，不仅不利于能源的节约和环境保护，而且加大了企业投资能源行业的不确定性，对能源安全和经济可持续发展带来负面效应。因此，充分利用市场机制在低碳经济中的调节作用，必须使能源价格全面反映资源和环境价值。

能源价格改革主要包括两个方面：一方面，在市场经济体制下，深化资源性产品价格和税费改革，建立反映市场供求状况、资源稀缺程度和环境治理成本的价格形成机制。合理的能源价格体系，不仅可以提高能源的使用效率，促进生产发展，改善国内资源类企业的盈利水平，加强抵御风险的能力，还可以在一定程度上遏制人们对能源的过度消费和浪费，使能源尽可能获得充分、合理、有效的利用，进而达到节约能源的目的。另一方面，建立贴近国际市场行情的能源定价机制。能源价格上涨只能抑制部分消费者的消费欲望，而资源价格上涨的生产成本实质上是由消费者承担，不能起到对生产者在生产过程中抑制资源浪费的作用，因为能源价格的上涨被产品价格的上调所掩盖。此外，能源价格调整与国际接轨，不仅可以增加能源产业投资机会，外还能吸引外资企业和民营企业投资，市场主体才会不断发展壮大。然而，能源价格调整关系到国计民生，油价和电价的变动，都会直接抬高公众的生活成本，尤其是电价的上调，会给中低收入者带来很大压力。因此，在能源价格市场化过程中，必须考虑到人们对能源价格上涨的承受能力。

在能源定价方面需要平衡两个方面的利益：一方面，利用价格杠杆引导资源合理配置。竞争性定价机制下的能源价格既反映了市场供求，能源行业又能有清晰的绩效核算，能源效率也将有所提高。能源价格改革首先要突破的重点和难点就是打破国有企业的垄断。允许能源价格适当上升，其价格提升速度应该与经济和社会发展同步，保证各种能源在不浪费的情况下被合理利用，促进能源行业投资增加和鼓励最终用户节能。另一方面，在能源价格无法市场化的条件下，建立一个透明有效、可操作的价格调控机制。这就需要成立一个较高层次的宏观管理部门，改革过度集中的价格管理体制，对能源价格改革实行统一规划和管理。在有限开放、竞争不充分的市场条件下，政府有必要进行能源价格管制，不宜完全放开。在没有消除垄断的情况下放开能源价格，会使能源价格不能根据客观经济情况灵活变动，不仅会加重市场投机行为，造成能源价格失控、恶性上涨，降低资源配置效率，甚至会威胁国家经济安全。但政府干预或管制往往造成企业无法根据生产成本调整价格，最终导致能源企业的供应积极性不高。

5.2.2　推动技术进步

技术创新既是低碳发展的核心，也是提升一国综合竞争力的关键，低碳经济的竞争表现为低碳技术的竞争。近代以来,技术进步与经济发展之间的关系越来越密切,尤其在知识经济时代,经济发展主要建立在技术进步的基础上,低碳经济发展与技术进步的关系亦是如此。《IPCC 排放情景特别报告 SRES》和《2001 气候变化》指出,技术进步是应对全球气候变化和温室气体减排问题的最重要的决定因素,其作用超过其他所有因素的总和。技术进步的衡量通常采用 TFP 指数,即全要素生产率指数,用来反映技术进步对经济增长的贡献率。

5.2.2.1 技术进步对低碳经济发展影响的模型分析

低碳经济发展主要取决于低碳技术的进步,技术进步对低碳经济发展的影响可以通过两个模型的比较来说明。

(1)没有技术进步的经济增长模型

在经济增长理论中,柯布-道格拉斯(Cobb-Douglas)生产函数显示,资本和劳动力是决定经济增长的两大因素。在此函数中,经济增长主要是由资本和劳动力推动的,没有技术进步的贡献。据此,可以将柯布-道格拉斯生产函数解释为:

$$Y=F(K,L) \tag{5-11}$$

对柯布-道格拉斯生产函数全微分,得:

$$\mathrm{d}Y=\frac{\partial Y}{\partial K}\mathrm{d}K+\frac{\partial Y}{\partial L}\mathrm{d}L \tag{5-12}$$

函数两边同时除以 Y,得:

$$\mathrm{d}Y=\frac{\partial Y}{\partial K}\frac{\mathrm{d}K}{Y}+\frac{\partial Y}{\partial L}\frac{\mathrm{d}L}{Y} \tag{5-13}$$

整理上式,得:

$$\frac{\mathrm{d}Y}{Y}=\frac{\partial Y}{\partial K}\frac{K}{Y}\frac{\mathrm{d}K}{K}+\frac{\partial Y}{\partial L}\frac{L}{Y}\frac{\mathrm{d}L}{L} \tag{5-14}$$

由边际收益定理可得资本收益率,即:

$$\frac{\partial Y}{\partial K}=\frac{r}{p} \tag{5-15a}$$

由边际收益定理可得劳动收益率,即:

$$\frac{\partial Y}{\partial L}=\frac{w}{p} \tag{5-15b}$$

将式(5-15a)和式(5-15b)代入公式(5-14)中,可以得到:

$$\frac{\mathrm{d}Y}{Y}=\frac{r}{p}\frac{K}{Y}\frac{\mathrm{d}K}{K}+\frac{w}{p}\frac{L}{Y}\frac{\mathrm{d}L}{L} \tag{5-16}$$

在完全竞争条件下，企业的利润达到最大化，则有：

$$pY = rK + wL \tag{5-17}$$

在式(5-17)两边同时除以 pY，得：

$$1 = \frac{rK}{pY} + \frac{wL}{pY} \tag{5-18}$$

令劳动的贡献率为 θ，资本的贡献率为 $(1-\theta)$，有：

$$\theta = \frac{rK}{pY}, 1-\theta = \frac{wL}{pY} \tag{5-19}$$

将式(5-19)代入式(5-6)，得：

$$\frac{\mathrm{d}Y}{Y} = \theta\frac{\mathrm{d}K}{K} + (1-\theta)\frac{\mathrm{d}L}{L} \tag{5-20}$$

其中，Y = 产出，K = 资本投入，L = 劳动力。

根据凯恩斯的国民收入模型，由于储蓄等于投资，因而 s 可以解释为投资 i(i 包括物质资本和人力资本)，在这里如果将劳动力定义为人力资本，则可以将上述模型改写为哈罗德增长模型式的经济增长模型(Harrod，1948)。

$$\frac{\mathrm{d}Y}{Y} = \frac{\mathrm{d}K}{K}\alpha \tag{5-21}$$

$$G = s/k \tag{5-22}$$

其中，G = 增长率，s = 储蓄率，k = 资本系数(即资本 / 产出率)。

(2) 有环境制约和技术进步的经济增长模型

哈罗德式的增长模型强调了经济增长过程中储蓄和投资的作用，却忽视了技术进步的作用。因此，需要考虑技术进步因素，利用环境库兹涅茨曲线和索罗的经济增长模式作为模型基础，建立可持续发展的低碳经济增长模型。假设环保技术进步可以带来经济的可持续发展，基于这一假设，可以将柯布-道格拉斯生产函数改写成：

$$Y = F(K, L, E, T_{\mathrm{E}}) \tag{5-23}$$

其中，E 是环境因素，可以定义为环境污染的成本，它对经济增长有负作用；T_{E} 表示环境技术进步，它对经济增长有促进作用。

将式(5-23)进行全微分：

$$\mathrm{d}Y = \frac{\partial Y}{\partial K}\mathrm{d}K + \frac{\partial Y}{\partial L}\mathrm{d}L + \frac{\partial Y}{\partial E}\mathrm{d}E + \frac{\partial Y}{\partial T_{\mathrm{E}}}\mathrm{d}T_{\mathrm{E}} \tag{5-24}$$

将式(5-24)两端同时除以 Y：

$$\frac{\mathrm{d}Y}{Y} = \frac{\partial Y}{\partial K}\frac{K}{Y}\frac{\mathrm{d}K}{K} + \frac{\partial Y}{\partial L}\frac{L}{Y}\frac{\mathrm{d}L}{L} + \frac{\partial Y}{\partial E}\frac{\mathrm{d}E}{Y} + \frac{\partial Y}{\partial T_{\mathrm{E}}}\frac{\mathrm{d}T_{\mathrm{E}}}{Y} \tag{5-25}$$

引用公式(5－15)的推导结论,可以得到:

$$\frac{\mathrm{d}Y}{Y}=\theta\frac{\mathrm{d}K}{K}+(1-\theta)\frac{\mathrm{d}L}{L}+\frac{\partial Y}{\partial E}\frac{\mathrm{d}E}{Y}+\frac{\partial Y}{\partial T_{\mathrm{E}}}\frac{\mathrm{d}T_{\mathrm{E}}}{Y} \tag{5-26}$$

令 $\omega=\theta\frac{\mathrm{d}K}{K}+(1-\theta)\frac{\mathrm{d}L}{L}$,整理式(5－26)得到:

$$\frac{\partial Y}{\partial E}=\frac{\frac{\mathrm{d}Y}{Y}-\omega-\frac{\partial Y}{\partial T_{\mathrm{E}}}\frac{\mathrm{d}T_{\mathrm{E}}}{Y}}{\mathrm{d}E/Y} \tag{5-27}$$

由于环境技术对 GDP 的影响为正,即$\frac{\partial Y}{\partial T_{\mathrm{E}}}\frac{\mathrm{d}T_{\mathrm{E}}}{Y}>0$,而$\frac{\mathrm{d}Y}{Y}-\omega<0$,所以环境技术促进了经济增长,即:

$$\frac{\mathrm{d}Y}{Y}-\omega-\frac{\partial Y}{\partial T_{\mathrm{E}}}\frac{\mathrm{d}T_{\mathrm{E}}}{Y}<0 \tag{5-28}$$

环境技术进步减少了环境污染,使得 $\mathrm{d}E>0$ 或 $\mathrm{d}E$ 趋向于 0。此时,$\frac{\partial Y}{\partial E}<0$ 或$\frac{\partial Y}{\partial E}$趋向于无穷大。此时,库兹涅茨曲线的斜率$\frac{\partial E}{\partial Y}<0$ 或$\frac{\partial E}{\partial Y}$趋向于 0,即库兹涅茨曲线处于下降阶段或趋于稳定。

通过以上两个模型的对比分析,可以得出:如果在经济增长中没有引入技术进步因素,人均 GDP 与污染物排放将沿着既定的路径,从库兹涅茨曲线的第一阶段上升到第二阶段,只有过了临界点以后,才能达到曲线的第三阶段。如果在经济增长中引入技术进步,一个经济体可以在库兹涅茨曲线的第一阶段,利用"低碳隧道"效应走捷径,直接从曲线的第一阶段达到第三阶段。这种方法不仅可以减少污染、节约环境污染的治理成本,而且可以在短时间内实现低碳经济转型。但是需要注意的是,要在短期内控制污染物排放,必须保持一个合理而且不超过环境负荷的高速经济增长。有生产技术和环境技术的库兹涅茨曲线如图 5－5 所示。

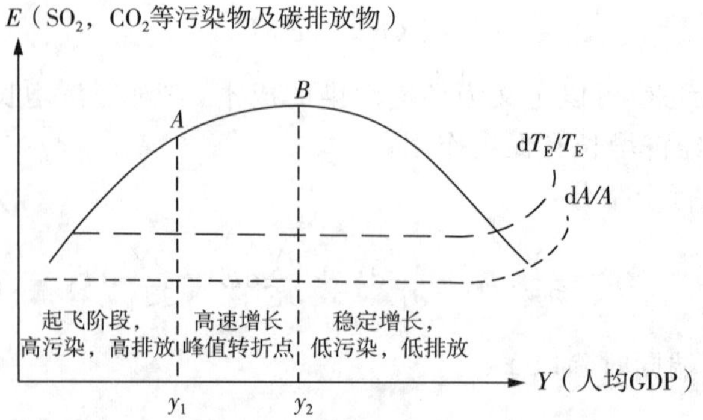

图 5－5　有生产技术和环境技术的新环境库兹涅茨曲线

5.2.2.2　技术进步对碳排放的影响

(1)技术进步是降低能源消耗的关键因素

低碳技术的开发应用不仅可以提高生产率、能源转换率以及消费效率,而且可以消除不同能源间的技术壁垒,提高优质能源在能源消费中的比例,缓解常规能源供给不足对经济增长的约束。低碳技术又称清洁能源技术,主要包括节能技术、煤的清洁高效利用技术、油气资源和煤层气的勘探开发技术、可再生能源及新能源技术、二氧化碳捕获与埋存等领域开发的降低碳排放的技术等,它主要涉及电力、交通、建筑、冶金、化工、石化等传统部门。发展低碳技术是降低碳排放强度、控制碳排放增长的重要措施。IPCC 认为,低碳或无碳技术的研发规模和速度决定未来温室气体排放减少的规模。

(2)技术进步对节能和减排的影响不同

节能不是简单地减少能源使用,也不能以降低人民群众的生活质量为代价,根本上要通过采用先进技术提高能源利用效率,因此,节能的政策效果作用潜力还有待发挥。技术进步从供给和需求两方面影响节能减排:一方面,新技术、新工艺、新材料和新设备的广泛使用使能源消费更加集约高效,技术进步推动了太阳能、风能、水能、生物质能等清洁能源的开发和利用,降低了煤炭等化石能源的开采率,因而从供给方面放松了能源的"存量约束";另一方面,低碳技术进步将提高煤炭等传统能源效率,降低单位产品和服务的能源消耗,因而从需求方面放松了对能源的"流量约束"。不同的市场结构也会通过技术溢出效应而影响节能减排:在完全竞争条件下,企业可以自由进入和退出市场,企业要想取得竞争优势必须通过技术进步,以最低成本生产出最高质量的产品,这会在无形之中促使企业提高能源利用效率;当市场处于完全垄断状态时,垄断企业作为市场上唯一的供给者,可以通过控制产品数量、操纵市场价格等手段获得超额垄断利润,因此垄断企业将缺乏技术创新的动力和积极性。

从当前来看,宏观经济学主要从两个方面探寻技术进步与节能减排的内在联系:一是能源价格变化对技术创新的"诱致性作用"。许多研究认为,能源价格上升将激发和诱导技术创新,进而提高能源效率。二是在开放的市场中,能源价格上升会导致与能源相关的产品价格上涨,生产者会寻求替代产品或选择能效更高的技术,产生"替代效应"。不同能源形式之间存在着竞争关系,研究表明,竞争性能源之间存在替代关系。随着能源价格上升,人们更倾向于使用价格相对较低和能效更高的产品,例如低排放、低耗油汽车,节能空调,节能冰箱等。

(3)技术进步的溢出效应对能源效率的影响

技术进步中的 R&D 投入、人力资本和 FDI 是影响能源效率的重要因素,这些因素对能源效率的积极影响趋于长期稳定。在经济全球化背景下,发达国家的跨国公司是经济全球化发展的主力军,在低碳经济发展中扮演着双重角色:它们既是碳排放大户,又是主要的低碳投资者。目前,世界上最大的跨国公司以其强大的实力主宰全球经济,在全球最大的 100 家跨国公司中,有 95 家来自发达国家,只有 5 家来自发展中国家。发达国家通过跨国公司的全球性联合、兼并和扩张,进一步拓展其规模,发展高度集约型经济,使其低碳产品竞争力始终处于世界领先地位。作为全球低碳经济发展的重要助推器,跨国公司可以通过改进本国和国外业务生产流程,提供更加环保的产品(例如节能电器、低碳交通工具等)和低碳服务,提供亟须的资本和先进技术,为减缓全球气候变化做出努力。以跨国公司为载体的FDI已成为低碳技术传播的主要渠道,跨国公司的投资和技术引进将有利于低碳技术的传播、扩散与技术改进。FDI的增加,一方面促使外资企业采用先进的能源加工转换技术,直接促进了整个行业的能源加工转换效率的提高;另一方面,外资企业的技术溢出效应可以增强本地企业能源加工转化的技术能力。

实证研究表明,FDI对碳排放强度尤其是工业碳排放强度的降低具有显著的作用。首先,外资企业在低碳技术、低碳生产工艺以及能源利用技术向东道国产生溢出效应,可以显著降低东道国的碳排放强度。其次,第二产业产值占国民经济比重与碳排放强度存在正相关关系,即随着第二产业FDI比重的下降,第三产业FDI比例的上升,FDI产业结构的优化有利于降低碳排放强度。但由于市场垄断的出现,技术进步往往存在市场失灵,因此需要引入相应的政策约束或激励措施来纠正市场失灵。主要通过政府调控和市场调节两条途径来纠正市场失灵:在政府调控方面,要进一步增加低碳技术的R&D投入、加速人力资本形成和引进FDI,为市场提供具有竞争力的节能技术来推动技术创新;在市场调节方面,市场调节机制不仅能够引导和激励企业的R&D投入和人力资本的引进,而且通过"干中学"效应促进新兴技术的成熟与扩散。

(4)技术进步对碳排放的影响具有显著而持久的效应

一项新技术的产生,不仅能够直接带动社会经济的发展,还能够带动相关技术的发展;当该技术进入衰退期,其他相关新技术的发展如果能够积极投入到生产活动中,则技术进步对经济产生的积极效应就能够长期维持。就经济发展阶段而言,在经济的起步阶段,技术进步主要通过提高劳动生产率、扩大经济规模等促进经济增长,经济活动所产生的二氧化碳是不断增加的;当经济进入高速增长阶段,二氧化碳排放超过了环境容量,资源、环境矛盾开始凸显,技术进步除了促进经济增长之外,还需要维持生态平衡,即此时技术进步的首要任务是协调经济增长与碳排放之间的关系,这一时期技术进步对碳排放的影响比较复杂。一方面,生产技术进步推动了工业化的发展,碳排放量持续上升;另一方面,技术进步通过调整产业结构、改善能源结构、优化资源配置等提高能源生产率,从而抑制碳排放的增长。当经济发展到一定程度进入到平稳增长阶段,工业中的碳排放对环境的影响日益减弱,技术进步的主要任务是降低人们生活中的碳排放。技术进步可以降低生产过程中对环境的破坏程度,但技术进步对经济增长和社会福利的影响并非完全为正,重大技术变革会给企业带来巨大挑战,企业需要进行相应的战略调整以适应新的发展需要。

5.2.3 加强能源体系管理

节能减排是一个具有综合性、系统性、复杂性的工作。如果缺乏相互联系、相互促进的科学的能源管理理念、运行机制和方法,就会造成能源开发无秩序、使用无依据、管理无计划、节能无措施、浪费无监督等一系列严重后果。单纯地依靠节能技术和先进装备不能从根本上解决能源供需矛盾、能源浪费和环境污染等问题,应用系统的管理方法降低能源消耗、提高能源效率,加强能源体系管理建设是顺利开展节能减排工作的关键。

能源体系管理分为宏观管理和微观管理。宏观管理是指政府及有关部门通过对能源的开发、生产及消费的全过程进行准确检测和科学分析，采取相应的行政干预和市场调节措施来治理能源消耗所产生的各种污染问题；微观管理是指企业对能源供给与消费的全过程进行的计划、组织、控制和监督，提高能源产业链的运行效率。由于世界各国的经济发展水平、发展阶段、技术实力、政治体制和文化传统等存在一定的差异，因此各国的节能管理模式也不尽相同。一般来说，市场经济国家大多以市场调节手段为主，以行政干预为辅；少数国家则以行政干预为主，以市场调节为辅。行政干预是国家通过政府机构，采取强制性的行政命令、指示、规定等措施，对经济进行调节和管理。但由于行政干预往往采取"一刀切"的方式，缺乏灵活性。由于不同规模的企业自身条件及节能减排的基准点不同，不同厂商的边际减排成本也存在差异，因此政府无法设定合理的节能减排标准，导致部分企业被迫以较高的减排成本执行。此外，行政干预需要政府全面了解企业生产排放的有关信息，但由于信息不完全或信息不对称，政府不一定能够及时获取各企业生产污染的所有信息，将导致政府干预不能达到预期效果。与行政干预相反，市场调节能够合理地配置资源，使企业可以根据市场需求合理安排生产。市场调节的优点包括：一方面，市场调节更具灵活性，企业可以选择最合适的生产方式达到规定的减排量，以最小的成本减少污染排放；另一方面，在市场经济体制下，企业可以根据市场价格，选择各种技术之间减排量的最优配置。但是，市场调节是一种事后调节，具有自发性、盲目性和滞后性等缺陷，往往容易造成周期性经济波动和经济总量失衡。因此，应将政府干预与市场调节有机结合起来，发挥"看不见的手"和"看得见的手"的综合作用，实现节能减排与经济发展的双赢目标。

在政策缺位的市场环境中，化石能源的开发利用和对环境产生的负外部性不是由开发利用的经济主体所承担，就会造成资源和环境低价进而引发资源滥用。而节能减排、开发利用可再生能源以及减少温室气体排放行为所产生的正外部效应却无法返还给相应的主体，从而不能通过降低其在市场经济中的高成本来促进其相对于化石能源的竞争优势。市场机制本身的缺陷需要政府这只"看不见的手"来弥补，发挥国家在资源配置方面的宏观调控和计划的强制干预作用。一是政府通过相应的政策将化石能源的市场价格维持在适当的水平，减少能源价格波动对宏观经济的影响；二是对于高能耗、高排放、高污染的企业，政府可以采取强制性的行政或法律手段，要求企业严格按照国家清洁安全标准进行生产；三是对于未达到预定减排目标的企业，政府可以对其征收一定数量的罚款，对于那些能耗高、污染严重、没有发展潜力的企业，政府可以命令其停产或关闭。强有力的行政手段虽然效果显著，可以解决一部分问题，但由于缺乏持久性和灵活性，提高了节能减排成本，降低了经济运行效率，这与市场经济条件下政府的地位不一致。企业作为节能减排的主体，主要通过合理组织生产、合理分配能源、加强能源购进管理、加强项目的节能管理和规章制度的落实等方式来实现。在政府与企业的关系上，政府要对企业采取适度干预的措施，重点是建设促进节能减排的市场机制，形成政府与市场的合力，严格、有效地控制高耗能、高污染行业的过快增长。节能减排市场机制的建立具有一定的时间性，往往赶不上环境管理的需求。在企业节能减排工作动力不足，且粗放的经济增长方式又难以为继的情况下，政府理所当然地从外部成为企业节能减排的首要推动者。

多数发展中国家正处于体制转轨时期，还没有建立完善的市场经济体制和能源管理体系，不能充分发挥市场在能源管理中的作用。与民营企业和外资企业相比，国有垄断下的能源行业效率偏低。因此，推动能源行业产业市场化成为提升能源管理效率的重要路径，主要包括：一是进一步理顺政企关系；二是细化国有企业产业链，对资产进行重组和整合，实现国有资本的规模效益和资产管理的统一性；三是引入能源市场竞争机制，鼓励民营资本进入能源行业，适当降低国有控股的比重；四是强化结构治理，提高资源配置效率；五是为企业营造一个公平、公开、公正的竞争环境，维护各类企业的合法权益。

5.2.4 能源替代

从能源的发展历程来看，在不同的历史时期，能源开发和利用的形态、种类和数量都是不断发展变化的。化石能源资源的有限性、可耗竭性及其在使用过程中对环境产生的负效应，增加了经济系统的脆弱性和不稳定性。在全球能源资源面临枯竭的大背景下，寻找更加环保、高效、清洁的替代能源，缓解能源短缺问题，成为多数国家重要的发展方向和一项长期的战略任务。

能源替代主要通过改变能源与其他非能源的投入比例或对能源消费结构进行调整，以达到降低能源消耗成本、提高能源利用效率的目的。在能源供给面临资源约束的条件下，发展以“节能降耗”为中心的能源替代，是提高能源效率、解决能源供需结构性矛盾、保障能源安全、减轻环境压力及实现可持续发展的有效途径。能源替代分为内部替代和外部替代。能源内部替代是新能源和可再生能源替代常规能源，主要是指随着能源消费结构的优化，以太阳能、水能、风能、生物质能、地热能和海洋能等可再生能源替代煤炭、石油、天然气等不可再生能源。能源内部替代取决于科学技术水平，技术演进的周期性决定了能源内部替代的长期性。能源的内部结构、新能源和可再生能源的开发和应用程度对能源内部替代的影响较大，能源结构优化涉及工程技术性问题。能源外部替代又称要素替代，主要包括能源、资本、劳动力在内的社会资源有效配置问题，能源外部替代往往通过资源的优化配置而达到，具有明显的经济性特征。在能源相对价格变化的基础上，通过调整其他生产要素的投入比例来实现能源投入的边际生产最优化。因此，能源外部替代可以在短期内通过要素的重新组合配置来实现，具有弥补能源短期缺口的灵活性。能源同劳动力、资本一样都是经济生活中重要的生产要素，在一定的技术条件下，能源可以被劳动力、资本等生产要素所替代，因此，在受到化石能源的“存量约束”和外部输入的“流量约束”下，可以通过增加劳动力、资本等要素的投入减少生产过程中化石能源的使用量，减少经济对能源的依赖和能源价格波动的影响。

5.2.4.1 能源替代对低碳经济的影响

在规模报酬不变的条件下，整个经济体的生产过程符合柯布-道格拉斯(Cobb - Douglas)型生产函数，生产过程中的能源投入包括不可再生能源和可再生能源，即：

$$E=(E_X)^{\alpha}(E_Z)^{1-\alpha},0<\alpha<1 \qquad (5-29)$$

其中，E 表示能源投入量，E_X 表示不可再生能源投入，E_Z 表示可再生能源投入，α 表示不可再生能源在能源总量中所占比重。生产的利润函数可以表示为：

$$\prod = P_E E - P_{E_X} E_X - P_{E_Z} E_Z \tag{5-30}$$

其中，P_E 为能源价格，P_{E_X} 为不可再生能源价格，P_{E_Z} 为可再生能源价格，根据利润最大化条件，分别求不可再生能源和可再生能源投入的一阶微分：

$$\frac{\partial \prod}{\partial E_X} = (1-\alpha) A E_Z^{1-\alpha} E_X^{\alpha-1} - P_{E_X} = 0 \tag{5-31}$$

$$\frac{\partial \prod}{\partial E_Z} = (1-\alpha) A E_Z^{-\alpha} E_X^{\alpha} - P_{E_Z} = 0 \tag{5-32}$$

根据利润最大化条件，不可再生能源的价格等于不可再生能源的边际生产力，即 $P_K = (1-\alpha) A K^{-\alpha} E^{\alpha}$；同理，可再生能源的价格等于可再生能源的边际生产力，即 $P_E = \alpha A K^{1-\alpha} E^{\alpha-1}$；根据两式可以得出生产过程中可再生能源和不可再生能源的最优投入比例：

$$\frac{E_X}{E_Z} = \left(\frac{P_{E_Z}}{P_{E_X}}\right)\left(\frac{\alpha}{1-\alpha}\right) = P\left(\frac{\alpha}{1-\alpha}\right) \tag{5-33}$$

式(5-33)中，P 表示不可再生能源和可再生能源之间的相对价格。当 $P = \frac{P_{E_Z}}{P_{E_X}} \to 1$ 时，$\frac{E_X}{E_Z} = \frac{\alpha}{1-\alpha}$。也就是说，当不可再生能源与可再生能源的相对价格趋于相等时，不可再生能源在能源消费结构中所占比重为 α，可再生能源所占比重为 $(1-\alpha)$。一方面，当 $P = \frac{P_{E_Z}}{P_{E_X}} \to 1$ 时，经济体的增长率随着可再生能源份额 $(1-\alpha)$ 的提高而增加，反映了能源清洁程度的提升将促进经济增长；另一方面，增加可再生能源在能源消费结构中的比例，即能源结构清洁化，将有助于提高能源效率。

因此，大力发展可再生能源，提高清洁能源比例，是发展低碳经济的重要途径。政府要利用能源价格对经济的影响力，增加对可再生能源产业的政策和财政支持力度，调动企业对可再生能源产业投资的积极性。为了减少煤炭、石油、天然气等化石能源消耗，政府要适当提高化石燃料价格，对化石能源的开采和进口发放许可证，提高污染排放标准，增加资源开采税和燃油税等。此外，还要对可再生能源产业给予一定的财政支持，通过减免税收、价格补贴、研发补贴等，促进可再生能源产业的稳定发展。

5.2.4.2　能源替代的主要形式

不同要素之间相互替代的难易程度用替代弹性来表示。两种生产要素的替代性越高，弹性值越大，反之，弹性值则越小。当两种生产要素为替代关系时，增加一种生产要素的投入，必定导致另一种生产要素投入的减少；当替代弹性为 0 时，说明两种生产要素不能互相替代，当一种生产要素可以被另一种生产要素完全替代时，两者的替代弹性为无限大。随着人类经济发展和能源利用技术的提高，能源利用形式也发生了变化，能源使利用沿着高碳到低碳、低效到高效、不清洁到清洁、不可持续到可持续的方向发展。根据能源经济学的能源替代理论，能源外部替代的主要形式包括以下几个方面：

(1)劳动力与能源的替代

探究劳动力与能源替代的范围、替代程度的合理性及客观规律。在多数发展中国家，其产业结构具有劳动力密集型特征。这是因为发展中国家经济基础薄弱、人口众多，为了发展国内经济，往往采取优惠的招商引资政策，吸引发达国家前来投资设厂。发展劳动密集型产业成为发展中国家缓解能源短缺、减轻二元经济结构下劳动力过剩形成的就业压力的有效途径。技术进步和产出效应也会提高劳动力对能源的替代，即使在没有技术进步和产出效应的情况下，单纯的能源价格上涨也会促进劳动力对能源的替代，即能源相对价格越高，劳动力对能源的替代就越明显，借助于劳动力替代能源的空间就越大。在当前技术水平下，相当一部分劳动力仍然无法被资本和技术所取代，即使能被取代，对于技术落后、资本短缺而劳动力相对丰富廉价的发展中国家来说，使用资本、技术的成本往往高于使用劳动力的成本。

(2)资本与能源的替代

对于资本与能源的替代关系，国外学者对于两者究竟是替代关系还是互补关系存在较大分歧。在不同时期，资本和能源呈现互补或替代的不同关系。就发达国家而言，在经济发展初期，由于能源价格低廉，资本和能源是互补的，通过增加资本投入来替代能源可能会因为能源缺乏需求弹性而达不到预期的效果；随着能源的耗竭，能源价格不断上涨，节能技术的大量使用和节能资本的投入使得能源消耗减少，资本和能源之间表现为替代关系。资本和能源之间的替代关系表明：能源价格变动是影响节能投资的重要因素，通过提高能源价格迫使企业进行节能投资，能源效率的提高抵消了能源价格上涨的影响，抑制了需求反弹，资本对能源的替代将更有效率。受资本稀缺性的限制，企业进行大规模的生产技术革新和设备更新换代需要付出高昂的成本。因此，在劳动力资源相对丰富而资本较为稀缺的情况下，绝大多数厂家会选择雇佣更多的廉价劳动力，减少资本投入，以达到降低生产成本、扩大生产规模的目的，从而导致资本对能源的替代性减弱。而对于资本供给相对充足的经济体来说，在能源进口受到国际政治经济环境制约的情况下，通过资本对能源的替代，不仅可以解决过剩资本投资问题，而且还能优化产业结构。

(3)可再生能源与不可再生能源的替代

许多学者认为，用可再生能源替代化石能源是一种相对更优、更理想的选择。目前全球至少有50个国家制定了促进可再生能源利用的政策，发展可再生能源是实现能源利用多样化和经济可持续发展的必然选择。实现经济可持续发展的有效途径是，在减少不可再生能源使用的同时，加强可再生能源的替代投资，建立补偿机制，改善能源系统的消费结构，使能源需求或消费曲线达到一个稳定状态。近年来，随着国际油价的持续飙升，各国积极开发新能源，加快了对不可再生能源的替代的步伐。可再生能源在研发过程中的高额投入以及使用上的局限性，使得其大规模推广使用仍存在不少困难。但无论是出于经济因素的考虑，还是出于能源安全方面的考虑，摆脱对传统化石能源的依赖，寻找能源替代，已成为世界各国不可回避的选择。可再生能源与不可再生能源之间的替代率很大程度上是由两者之间的成本变化所决定的。从供给和需求的角度分析，不可再生能源由于其稀缺性和可耗竭性，其价格将不断上涨。当不可再生能源价格上升时，新能源的价格优势就会越发明显，此时企业采用可再生能源的积极性就会提高，反之，可再生能源的替代优势就会减弱。在新能源逐步替代不可再生能源的过程中，会催生新的节能技术进步。当可再生能源替代不可再生能源的比重越大时，在平衡增长路径上污染将减少。由此可见，经济的可持续发展能力在很大程度上取决于可再生能源在总能源消费结构中所占比重的提高和节能技术的进步。由于受市场价格波动、技术水平和研发成本的限制，可再生能源替代化石能源将是一个长期而艰难的过程。

5.2.5　进行制度创新

发展低碳经济，不仅需要科技创新，更需要政策法规制度的促进和引导。温室气体及其排放空间是全球公共物品，具有消费的"非排他性"和"非竞争性"，即环境资源产权的模糊性。在环境资源产权模糊的情况下，本应该由经济主体承担的私人成本全部转嫁给他人或社会。由于缺乏有效的激励或约束机制来调整经济主体的经济行为，经济主体往往将环境资源当作免费的物品，削弱甚至完全丧失了控制排污的动机。环境污染的负外部性的产生，使得完全竞争市场下的资源配置不可能达到帕累托最优状态。为了追求更多的利润，经济主体会放任自己的行为，加剧环境污染和生态破坏。据此，只有将环境污染的负外部性与产权制度联系起来，建立一套清晰的环境资源产权制度，真正落实经济主体对环境资源的有偿使用，依靠私人行为来解决负外部性问题。

制度创新是一种利益诱导行为，即取决于预期收益和预期成本的比较。当预期收益大于预期成本时，制度创新就会发生。通过制度创新提高生产率和实现经济增长，制度创新尤其是政府制度创新有利于促进经济发展。通过制度创新使本国摆脱传统路径的依赖，进而通过基础性的社会变革来实现经济发展。要提高整个社会的福利水平，必须从产权安排、交易成本、游戏规则和组织体系四个方面着手来创新制度。在制度创新过程中，政府角色的重新定位是其中的核心，因为政府知识的有限性决定了其政府职能的有限性，因此，政府要学会"有所为，有所不为"，提高政府职能的科学性和人文性。低碳经济发展过程中的所有制度安排的最终目的是解决发展过程中出现的问题，如果没有经济发展和社会进步，那么，向低碳转型就没有任何意义。在经济全球化条件下，为了更好地推动低碳经济发展，中国政府应转换政府职能，充分发挥政府的宏观调控作用，建立规范有效的市场机制，为中国低碳经济发展提供良好的制度和市场环境。

5.2.5.1　提供向低碳经济转型的激励机制

制度激励(Institution Incentine)是通过制度创新或政策支持提高碳生产率。市场经济有利于促进低碳经济的发展，但由于外部性的存在，导致政府监管不到位，导致多数微观经济体产生减排惰性，不利于整体经济的低碳发展。所以，为了避免这些问题，政府在低碳发展中必须充分发挥制度规制作用。一方面充分调动微观经济主体的减排积极性，另一方面有效改善市场环境，充分释放资源的生产率。通过制度激励，不仅可以大幅降低减排成本，还能有效减少碳排放。

5.2.5.2 建立碳排放权交易制度和征收环境税

碳排放交易制度是指由排放二氧化碳的经济主体承担其社会成本。因为环境容量或排放权是一种稀缺资源，在实行“总量控制”的条件下，通过可交易的排污许可证使排污资格产权化，通过市场价格竞争机制实现资源优化配置。环境税是为污染而支付的一种价格，通过征税来弥补私人边际成本与社会边际成本的偏差，把环境污染和生态破坏的社会成本内部化，然后通过市场机制分配环境资源的一种经济手段。碳排放权交易制度与环境税一样，都是一种基于市场的管制工具，是市场机制下调节市场失灵的一种手段。前者是先由政府确定排放价格，然后由市场决定碳排放量；后者是先由政府确定允许排放的总量，然后再由市场决定排放价格。

由于减排成本的不确定性，减排的政策设计可能不同。一般情况下，边际成本随着碳排放的增加而增加，其曲线相对陡峭，边际收益曲线则相对平稳。碳减排的边际成本曲线之所以比较陡峭是因为在当前的经济发展水平下，减排能够在多大程度上减缓人类因过去排放过量二氧化碳所产生的气候变暖进程是未知的，也没有现实、科学的数据可供参考。例如，在现有的技术条件下，短时间内减少温室气体排放的最有效途径就是停止一切经济活动，这意味着以牺牲经济发展为代价来减少温室气体排放，其成本是相当高昂的，在经济上是不可行的。因此，温室气体减排的边际成本曲线相对陡峭是合理的。根据经济学原理，当边际成本等于边际收益时，是实现减排目标最经济、最有效方法。在减排边际成本确定的情况下，碳排放权交易制度、环境税都是有效的减排手段。但如果存在不确定性，边际成本曲线和边际收益曲线的斜率，取决于碳排放权交易制度和环境税的相对效率。如果边际成本曲线相对平稳，而边际收益曲线很陡峭，碳排放权交易制度比较有效，反之则无效。

图 5-6 中，横轴表示减排量，纵轴表示排放价格。0 表示没有管制时的减排量，100 表示没有温室气体排放的水平。假定政府实施碳排放权交易制度，允许排放的温室气体总量为 Q_1。当边际成本曲线是 MC_2 时，所对应的排放权价格为 P_3，有效减排量是 Q_2，而实际减排量是 Q_1，这时就会出现过度减排问题，过度减排成本超过收益的部分为图中的阴影部分。相反，在实施排污税的情况下，如果环境税率为 P_1，当边际成本为 MC_1 时，其减排量为 Q_1，当边际成本为相对较高的 MC_2 时，其减排量为 Q_3，其福利损失为图中的 T。与碳排放交易制度相比，此时排污税比较有效。尽管环境税在经济上有效，但由于企业的抵抗和不合作，实施起来存在很大的难度。为了达到经济上的有效性和政策上实施的可能性，可以将环境税和碳排放权交易制度混合使用。

中国已经启动了碳排放交易试点建立自愿减排交易机制。2012 年 6 月，国家发改委出台《温室气体自愿减排交易管理暂行办法》，确立自愿减排交易机制的基本框架、交易流程和监管办法，建立交易登记注册系统和信息发布制度，鼓励基于项目的温室气体自愿减排交易，保障有关交易活动的有序开展。

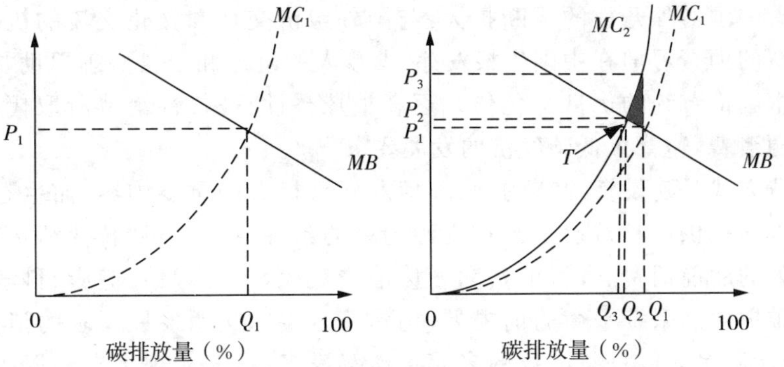

图 5－6　减排成本不确定条件下碳排放权交易制度的效果

5.2.6　建立低碳消费方式

5.2.6.1　建立低碳消费方式的必要性

发展低碳经济不仅要在生产领域加快淘汰落后产能，推进节能减排和技术创新，而且要在生活领域对不合理的消费方式进行调整和优化。消费方式是指在一定的社会经济条件下，消费者为了实现其需要，通过一定的方式与消费资料相结合，实现消费的自然形式与社会形式的有机统一。消费方式是消费者的一种心理诉求，反映了消费者的消费习惯、消费价值观和消费偏好，是一种社会文化现象。受经济发展水平、社会因素、文化因素、收入水平、个人偏好等方面的影响，不同国家或地区的消费方式会有差异。低碳消费与人们的日常生活密切相关，包括穿衣、饮食、居住、出行、家用、娱乐、办公等各个方面。有关数据显示，中国居民生活能耗占每年全国能源消费量的 40％，一部分居民的奢侈、无节制的生活行为造成了大量的能源浪费。因此，应充分挖掘生活消费领域的低碳潜力，倡导低碳消费，反对铺张浪费。

低碳经济是全球经济发展的最佳模式之一，而低碳消费方式是低碳经济的重要内容。高碳消费方式是一种粗放型的高能耗、高污染、高排放、高浪费的生活方式。低碳消费方式与高碳消费方式是相对应的概念，低碳消费方式是在一定的生产力水平下，消费者的消费理念与消费资料相结合的方式。在生活领域，低碳消费是人们购买并消费符合低碳标准的产品或服务，以对社会和后代负责任的态度在消费过程中实现低能耗、低污染和低排放。作为一种高质量的消费方式，低碳不是降低消费水平，而是转变消费观念，在低碳消费观念的指导下，人们的经济需求、社会需求、生态需求、文化需求等都得到满足，生活质量逐步提高。生活质量是显示个人或团体社会福利状况的重要指标，生活质量的好坏不仅体现在人的精神文化等高级需求的满足程度上，还包括环境状况，如果人类不改变自己的生活方式，仍然无节制地排放温室气体，那么环境质量会越来越差，最终导致人们的生活质量严重下降。在环境资源日益稀缺的今天，低碳消费方式是一种提高生活质量的更好的手段和途径。

5.2.6.2　转变消费观念，构建生态型消费模式

中华人民共和国成立以来，中国居民的消费模式经历了从解决温饱到建设小康社会

的转变。随着中国对外开放的不断扩大,与国外经济交往和文化交流的机会增多,许多国外奢侈浪费的消费习惯在中国生根发芽,少数人的攀比和炫富心理更助长了非理性消费倾向。原本勤俭节约的优良文化传统逐渐被炫耀性、奢侈性消费所取代,其结果必然是惊人的能源浪费,违背了低碳经济的发展要求。

低碳消费方式是建设资源节约型、环境友好型社会的重要内容,而生态型消费为构建低碳消费方式提供了有益启示。在资源约束的条件下,应当从转变消费观念入手,改变当前一些人的超前消费、盲目消费和奢侈消费观念,倡导理性、健康、科学的生态型消费理念。在维护生态系统平衡的前提下,构建符合生态文明发展要求的消费模式,其最终目标是,既能满足人们日益增长的多元化消费需求,又能实现生态环境改善及经济社会的可持续发展。习近平主席强调,生态环境保护是功在当代、利在千秋的伟大事业,要大力推进生态文明建设。党的十八大把生态文明建设纳入中国特色社会主义事业五位一体总体布局,明确提出大力推进生态文明建设,实现中华民族的永续长久发展。生态型消费模式是符合生态文明建设的理性、科学、健康、节约、环保、生态化消费方式,其显著特征是在人们的日常消费过程中,以生态资源的环境承载力为前提,以人与自然、人与人、人与社会的和谐共生为消费理念,尽量减少环境污染,降低资源消耗。传统工业文明所形成的消费模式在给人们带来物质享受的同时,也使得人类对自然资源和环境的压力大大增加,激化了人与自然的矛盾。因此,要建设生态文明,必须对传统的消费模式进行变革,在消费方式上,从挥霍型消费向节约型消费转变;在消费性质上,从不公平消费向公平消费转变;在消费结构上,从片面追求物质消费向追求物质消费与精神消费协调的方向转变。

生态型消费是低碳消费的一个重要内容,它主要是针对当前能源消耗量大、二氧化碳排放不断增多、环境污染日益严重情况下提出的一种可持续消费模式。低碳消费的实质是节约能源、减少碳排放。低碳消费方式促进生态文明建设的作用主要表现在两个方面:一方面,提倡低碳消费就是倡导节约型消费,追求低能耗、低污染、低浪费,崇尚适度消费、文明消费和绿色消费,反对过度消费、奢靡消费和不当浪费,从而可以直接减少资源消耗。另一方面,低碳消费通过现实消费需求引导低碳生产的发展,同时又通过消费市场上消费需求的有效实现进一步推动低碳生产的发展。低碳消费对于人类的全面发展和促进人类社会进步具有重要意义。

5.2.6.3 构建政府、企业、居民的三方联动机制

构建低碳消费模式,既需要政府部门的关注,也需要企业和个人的积极配合与行动,关键是要形成政府、企业、居民的三方联动机制。首先,从政府的宏观经济管理层面来看,低碳消费方式的推广和普及,需要政府合理的政策引导:一是政府要加大低碳消费的宣传力度,充分利用各种电视、广播、网络等媒体资源优势,鼓励更多的民众、学校、社会民间组织举办各种类型的生态文明宣传和教育活动,培育全民低碳意识,营造低碳消费的文化氛围,使低碳观念逐渐深入人心。二是政府要制定和完善低碳消费的相关法律法规,对于实施低碳生产的企业,给予贷款、税收、补贴方面的支持和优惠,鼓励企业积极开发低碳产品。三是政府要建立健全低碳消费的制度体系。各级政府要将应对气候变化、促进低碳发展作为经济社会发展的重要内容,制定相应的政策,对低碳生产和消费实行

严格的监督管理。其次,从企业的中观层面来看,要求企业推行低碳经营的理念,强化社会责任,成为推动低碳生产和低碳消费的"桥梁"。一方面,随着社会低碳消费意识的增强,必然要求生产者不断调整经营方向,企业必须研发和生产供应更多的低碳节能产品与服务来适应消费者新的需求。只有获得消费者的认可,企业才能在竞争中处于有利地位,为广泛、深入地推行全民低碳消费方式奠定基础。另一方面,企业作为资源消耗的主体,要生产节能环保产品,就必须进行技术革新,主动减少能源消耗,最大限度地提高资源利用率。但与此同时,企业也是推行低碳消费方式的"瓶颈",因为企业是能源消费和碳排放大户,随着社会低碳消费意识的增长,低碳产品需求也相应增加,促使企业不得不进行技术革新,降低能耗、提高能源利用效率。实现企业生产的低碳化是一项长期而艰巨的任务,需要企业树立节能减排的责任意识,投入一定的资金和人力加快节能技术创新,降低企业单位能源消耗和污染物排放。最后,从居民的微观层面来看,居民要树立低碳消费观,在生活中培养自己的低碳节能意识,在提高生活质量的同时,使环境质量得到有效改善。低碳消费观念的培养和形成不是一蹴而就的,因为人们的消费观念是在一定的社会生产力发展水平及社会、文化背景下形成的。一种消费观念一旦形成,往往很难改变,将在长期内支配和影响着人们的消费行为。发展低碳经济,就必须逐渐改变公众那些习以为常的能源浪费、增排污染的消费意识和消费习惯,充分发掘生活领域节能减排的巨大潜力。

第6章 促进中国低碳经济发展的政策建议

作为一个负责任的发展中大国,中国已经充分认识到了发展低碳经济的必要性和紧迫性。根据中国当前的具体国情,在借鉴国外低碳经济成功经验的基础上,可以从多个层面提出促进中国低碳经济发展的政策建议。

6.1 建立健全低碳经济相关法律法规

根据国外发展低碳经济的成功经验,立法是保证低碳经济发展的重要支撑。发展低碳经济,建设低碳社会,立法要先行。例如,美国以立法形式确定了能效和减排指标,涉及生产和生活的各个领域,包括汽车燃油经济性指标、二氧化硫减排指标、家用电器能效指标等。为了促进节能减排,美国在家用电器节能、清洁水、清洁空气、固体物处置等方便颁布了一系列法律法规,为美国低碳经济发展提供了法律保障。2007年7月,美国参议院提出的《美国低碳经济法案》以及2009年6月众议院通过的《美国清洁能源与安全法案》,规划了美国低碳经济发展的途径和具体措施。借鉴美国在低碳经济立法方面的成功经验,并结合中国目前低碳经济立法的实际情况,建立健全中国低碳经济法律法规,主要包括以下几个方面。

6.1.1 制定专门的低碳经济法律法规

英国、美国、日本等发达国家已经有低碳经济的专门立法以及其他相关领域相互配合的法律体系。中国目前已经颁布的低碳经济法律法规还比较零散,没有形成统一完善的体系。因此,中国制定的低碳经济专项法律法规应涵盖低碳产业、低碳能源、低碳技术、低碳生活等方面,也可以制定单行法律,还可以制定针对某个行业部门法中的法律法规。

6.1.2 建立与低碳经济立法相适应的配套实施机制

建立起完备的低碳经济法律体系之后,最关键的就是法律的实施。为了保证低碳经济法律法规的有效实施,必须建立与低碳经济立法相适应的配套机制,包括推进低碳经济发展的管理机制、监督考察机制，低碳领域的技术创新机制，对高能耗、高排放等中小企业员工再就业保障机制，促进低碳经济发展的多元化投入机制，低碳经济法律的宣传教育机制，低碳经济立法效果的评估机制等。这些配套机制不仅可以使立法更符合低碳社会建设，还可以实现立法价值的最大化。

6.1.3　及时调整和修改低碳经济法律法规

低碳经济法律法规应根据不同时期国内外环境的变化适时进行调整和修改，为环境保护、节能减排提供良好的法制环境。发达国家的低碳经济立法一直在不断调整和更新，例如，日本的节约能源法已经修改过两次，德国的可再生能源法也经过历次修改和补充，大大促进了德国可再生能源的发展。由于中国相关法律制度建设跟不上产业发展的需要，政府未能及时调整风力发电、太阳能发电的补偿方面的法律制度，造成中国风电、太阳能电池板等产业产能明显过剩，不利于这些行业的良性发展。

6.2　制定低碳能源战略

低碳经济的核心是节能减排，关键在于能源利用，包括能源的种类、利用率、污染物排放等。为了促进低碳经济发展，多数发达国家都制定了有针对性的低碳经济发展战略，其中最具代表性的是美国奥巴马政府提出的新能源战略，主要包括以下几个方面：首先，提高汽车燃油经济性标准，大力发展电动汽车及混合动力汽车，特别是插电式汽车，力争使美国汽车的能耗每年下降4%。政府对相关企业提供政策上的支持，比如政府为汽车公司提供资金和节能补偿，政府机构购买大量节能汽车产品等。其次，大力发展风能、太阳能、核能、水能、生物能等清洁能源，计划到2025年使新能源发电量占总发电量的25%。为此，美国政府计划在未来10年内向该领域投资1500亿美元。此外，美国大力推进智能电网建设和生物燃料基础设施建设，并减免部分企业的税收。再次，制定新的家电、建筑和工业等行业节能标准，大力提高建筑能效和家用电器能效，对相关企业给予奖励。最后，严格控制碳排放量。

通过分析美国的新能源战略可以发现，促进低碳经济发展主要通过提高能源效率，大力发展可再生能源，提高清洁能源比例，制定严格的节能减排标准，提高产品节能效率，严格控制碳排放等。为了促进中国低碳经济的发展，必须制定合理的低碳能源战略，其核心内容主要包括以下几个方面。

6.2.1　加强煤炭的清洁化利用

清洁能源的开发和利用是中国能源结构调整的战略选择，也是减少碳排放的重要途径。短期内，煤炭在中国能源结构中具有不可替代的作用，而且中国煤炭的产业链较短，开采利用率低，碳排放量较大。因此中国当前应致力于开发清洁煤利用技术，规范煤炭开采，对煤炭进行深加工，将煤炭气化或液化，提高煤炭的利用率。当前中国煤炭的主要用途是发电，要发展先进燃煤发电技术，提高火力发电的燃煤利用率，淘汰落后的发电厂。除此以外，由于煤炭燃烧的主要排放物是二氧化碳和二氧化硫等有害气体，所以政府应加大碳捕获和二氧化硫固化等方面的技术研发和资金投入。

6.2.2 提高新能源和可再生能源的发电比例

加大太阳能、风能、生物质能、水能、核能等能源的开发和利用，提高新能源和可再生能源的发电比例。中国拥有丰富的可再生能源，资源可获量达到每年73亿吨标准煤，受经济发展、技术水平、开发成本等条件的约束，可再生能源开发量每年不足0.4亿吨标准煤。为了充分挖掘可再生能源的巨大潜力，中国要制定可再生能源中长期发展规划，加大可再生能源领域投资，加快可再生能源技术开发，实现可再生能源的规模化、产业化发展。2006年1月1日起实施的《中华人民共和国可再生能源法》，为中国可再生能源发展提供了法律保障。随后又出台了《可再生能源中长期发展规划》《可再生能源“十一五”规划》等一系列配套政策。“十一五”时期，中国可再生能源政策不断完善，通过完善价格政策、资源评估，培育形成了可再生能源市场和产业体系。“十二五”期间，中国可再生能源产业进入全面、快速、规模化发展的重要阶段。

目前中国新能源开发的困难主要有两点：一是新能源利用主要依靠技术创新，但中国在该领域的技术还不成熟，虽然中国风能、太阳能发电产业规模已经非常大，甚至出现产能过剩现象，但是真正的核心技术掌握在发达国家手中，中国相关技术发展严重落后于产业需求，因此不得不花重金购买发达国家的专利技术，严重阻碍了中国新能源的发展进程。解决该问题的关键是政府要加大对该领域技术的研发投入，鼓励相关企业的技术研发和创新，在税收政策上对相关企业给予补贴或奖励。二是现阶段中国技术水平的限制，新能源利用的价格较高，明显高于传统能源，企业利用新能源的积极性不高。例如，太阳能发电、风力发电的成本都高于传统的火电，仅靠市场调节新能源供应难以满足市场需求，需要国家在政策上给予相应的补偿，提高中国新能源的市场竞争力。

6.2.3 建立低碳节能标准

美国对其国内很多行业制定了相关的节能标准，不仅达到了节能减排的目的，还提高了出口产品的国际竞争力。发达国家制定的碳标准、碳关税将成为制约中国产品出口的重要障碍。因此，中国需要在电动汽车及混合动力汽车、家用电器、建筑等方面制定相应的节能标准，提高中国产品的节能效果和出口竞争力。

6.2.4 减少碳排放

受能源结构及发展阶段的制约，中国已成为碳排放量最大的国家，因而减少碳排放是发展低碳经济的关键所在。首先，要制定明确的减排目标。我国多次在联合国气候变化大会上明确提出了减排目标,但由于受中国实际情况的限制,完成相应的减排目标存在很大困难。随着中国环境污染的加剧,特别是雾霾天气的频繁出现,全国人民对治理环境污染的呼声日益强烈。因此,政府必须痛下决心,大力整顿高排放行业,淘汰落后产能,降低碳排放强度。其次,制定严格的节能减排监督管理标准。中国节能减排缺少监督管理,主管部门监管不到位,对高污染、高排放企业的惩罚力度较轻。为了进一步落实中央企业节能减排的社会责任,2010 年 3 月 26 日,国资委审议通过了《中央企业节能减排监督管理暂行办法》,规定了中国节能减排工作的基本要求、节能减排考核标准、节能减排奖惩等具体内容,在指导中央企业节能减排和转变发展方式中发挥了重要作用。

6.3 建立低碳金融市场和碳交易机制

6.3.1 形成以政府为主导的低碳金融市场

在经济全球化进程中,能源产业与金融市场之间的联系更加密切。金融市场的发展已成为低碳产业扩张的重要融资渠道,低碳产业规模的扩大与技术升级也为金融服务提供了全新的拓展领域。在全球气候变化和能源供需矛盾突出的背景下,碳金融市场的发展已成为巩固和保障能源供给,发展新能源和可再生能源,实现经济、资源和环境的相互促进,使低碳经济和环境保护协调发展的关键环节。自《京都议定书》实施以来,全球碳金融市场规模年均增速为 20%~30%,2011 年达到 960 亿欧元。在碳基金的运作和实施方面,最有代表性的是英国。2011 年,英国政府运用气候变化税,投资成立碳基金,这是一家按照企业模式运作的独立公司。英国成立碳基金的目的,一方面是为了帮助企业排除生产过程中的资金、技术和管理障碍,提高能源使用效率,减少碳排放;另一方面,对具有发展前景的低碳技术进行商业投资,拓宽低碳技术的市场。英国碳基金自成立以来,已经帮助客户减少二氧化碳排放 1700 万吨,使客户节省开支 10 亿英镑。从英国碳基金的管理运营情况来看,主要采用政府设立、企业化运作、吸收专业人士参与的管理模式,既能发挥政府的宏观调控的政策优势,又能发挥专业人士的专业技能和管理特长,保证政府对基金运营的效率和监管。

借鉴国外碳基金的管理理念和监管机制,国务院批准成立了应对气候变化的清洁发展机制专项基金。中国清洁发展机制基金具有政策性和市场性的双重功能,有利于推动中国低碳经济发展的产业化、市场化、社会化和国际化。中国的碳基金市场正处于初级阶段,碳基金的运作模式与英国不同,不属于企业模式,要合理配置金融资源,必须充分发挥以政府为主导的宏观调控作用。中国在碳金融建设方面的做法包括:首先,政府应合理规划能源产业发展前景,充分发挥能源产业潜力。其次,搭建以能源产业可持续发展为核心的信息平台,增强金融机构支持能源产业低碳化发展的信心。再次,实施全面的能源金融支持政策,逐步改变能源企业较为单一的融资模式。在自筹资金和银行贷款为主的融资基础上,逐步引入风险投资基金、产业投资基金、能源信托等多种金融产品。

6.3.2 建立以市场为中心的碳交易机制

中国在全球气候变化大会上承诺，到2020年二氧化碳排放比2005年减少45%。近些年的实践证明，按照现在的减排方法，仅靠政府、企业和个人的努力，完成该目标基本上是不可能的。因此，需要引入相应的碳排放交易机制。目前欧美发达国家已经建立了比较健全的碳排放权交易制度，比较有代表性的有欧盟的排放权交易体系（EU ETS）、英国的排放权交易体系（ETG）、美国的芝加哥气候交易所（CCX）和澳大利亚的国家信托（NSW）等，其中欧盟的排放权交易体系建设最为典型。

为了与国际碳交易市场接轨，推动中国低碳经济发展，2011年10月，国家发改委出台了《关于开展碳排放权交易试点工作的通知》，批准北京、上海、天津、重庆、湖北、广东和深圳等七省（直辖市）作为全国碳交易试点。在国家有关部门政策的支持下，2013年6月18日，深圳碳排放权交易市场率先启动，成为全国碳排放权交易的探路者。此后，上海市、北京市、天津市等碳排放权交易试点相继启动，湖北省、重庆市碳排放权交易市场也即将启动。由于中国对企业强制碳排放没有明确的规定，全国碳交易还缺乏统一的市场，而且中国各地区经济发展水平不同、资源分布不均，各区域碳排放量也不尽相同。结合中国实际减排目标和碳交易制度发展现状，可以从以下几个方面加强中国碳排放交易制度建设。

首先，由于中国各区域经济发展不平衡，碳排放量差异较大，需要构建以经济区域为基础的碳排放交易市场。根据经济区域的不同，可以将中国分为以哈尔滨、沈阳为中心的东北碳排放交易市场，以天津、北京为核心的泛渤海碳排放交易市场，以上海、南京为中心的长三角碳排放交易市场，以台北和福州为中心的海峡碳排放交易市场，以郑州、武汉为中心的中部碳排放交易市场，以成都、重庆为中心的西南碳排放交易市场，以广州、香港为中心的珠三角碳排放交易市场，以西安、兰州为中心的西部碳排放交易市场。借鉴欧盟碳排放交易制度的方式，对各区域碳排放交易市场进行分权化管理，在配额分配等问题上给各区域充分的自主权，国家在完成减排计划的前提下为各区域市场分配碳排放配额。

其次，建立以“限量与贸易”为基础的碳排放交易体系。各区域把碳排放配额分配给各企业，企业再根据自己实际需要，在市场上出售或购买碳排放配额。在此，碳排放配额的分配至关重要，在碳排放交易制度实施初期，要以免费发放为主，然后逐渐向拍卖转变。例如，对于钢铁企业、火电厂等碳排放大户，要逐渐减少免费配额的比例，逐渐转为拍卖，促使企业降低自身的碳排放强度。

再次，建立健全碳排放交易监管机制。由于企业数量众多，碳排放量巨大，碳排放额的核定和监管十分困难。碳排放交易过程中的审核、指标折算等需要相关部门的参与，碳排放交易需要国家环保等部门的监督管理。目前中国在碳排放监管上存在一定的漏洞，特别是排放主体排放量指标核定困难，政府部门监管难度较大，存在严重的偷排漏报现象，严重影响中国碳排放交易市场的有序运行，因此，中国必须健全碳排放交易的监管机制。一是建立严格的碳排放主体资格审查制度，分配碳排放配额时，严格把关碳排放交易主体的减排能力。二是建立严格的报告制度，排放企业应定期向监管部门报告详细的碳排放量和碳排放交易情况，监管部门对企业提交的报告进行严格审查。三是建立完善的碳排放检测系统，实时对企业碳排放量进行检测，监督企业碳排放，防止企业虚报瞒报。

6.4　优化产业结构和能源结构，提高能源效率

6.4.1　优化产业结构

产业结构直接决定能源消费强度和消费弹性的高低，从而影响国民经济对能源的使用效率。产业结构不合理是造成中国碳排放量不断增加的主要原因之一。中国制造业相对发达，是目前最具竞争力的行业。在国内需求相对不足，必须靠出口拉动经济增长的情况下，中国政府必须以产业结构改造为龙头，通过产业转型升级，转变经济发展方式，实现能源消费、碳排放和经济增长的协调发展。

目前中国正处于工业化和城镇化的高速发展阶段，以第二产业为主导的产业发展格局在 2020 年前不可能发生较大变化，在未来较长的一段时期内，工业仍将是中国经济发展的主要支撑和动力来源。随着中国新一轮经济增长和消费结构升级，以钢铁、建材、化工、能源为代表的重化工业加速发展。如何处理经济发展与低碳经济之间的关系是中国当前面临的首要问题。中国要采取积极有效措施推动工业的低碳发展，依靠技术进步促进第二产业结构升级，加快技术升级改造和设备更新，淘汰落后产能，提高科技进步对经济增长的贡献率。鉴于现阶段的特殊国情，中国抓住低碳经济转型的历史机遇，加快产业结构升级，努力缩小与发达国家的差距，可以从以下几方面着手：一是淘汰落后产能，改造传统产业。目前中国第二产业中的水泥、钢铁、玻璃等高消耗、高排放产业产能严重过剩，不仅浪费大量资源，而且产生了严重的环境污染。以河北省为例，钢铁产业的过度发展造成严重的大气污染，导致雾霾天气严重。中国应坚决淘汰高消耗、高排放的过剩产能，对有提升空间和发展潜力的企业进行产业升级和结构改造，降低企业能源消耗和碳排放强度。二是大力发展以服务、金融、电子信息等产业为主体的第三产业。由于第三产业单位 GDP 碳排放量明显低于第二产业，提高第三产业比重可以显著降低中国碳排放强度。发达国家的第三产业在 GDP 中所占比重高达 60%～70%，而中国第三产业仅占 GDP 的 40%左右，与发达国家相比明显偏低。在金融领域，虽然在上海和香港建立了较大的金融中心，但与中国经济总量在世界经济中的较大比重相比，中国金融业还需进一步发展。另外，中国银行、证券等金融市场长期由大型国有公司控制，缺少新鲜血液，中国金融市场需要引入更多的竞争机制，提高其在国际金融市场中的竞争力。电子信息产业是第三产业的另一个主要领域，美国在国际金融危机后，通过大力发展电子信息产业，很快走出了经济危机的阴霾。中国的电子信息产业与发达国家相比依然十分落后，以芯片为例，中国的芯片产业起步较晚，缺乏核心技术。中国是世界上最大的芯片消

费国，但关键设备、关键原材料等一直依赖进口，国内芯片制造企业几乎都是代工，提供的芯片不足10%。中国芯片进口年均超过1600亿美元，已经超过石油进口。因此，中国需要加大对该领域的研发投入，延伸信息技术产业链，发挥企业的聚集效应，促进中国第三产业发展。

6.4.2 调整能源结构

随着国际能源需求结构的调整，未来对石油、天然气等优质能源的需求将不断增加。中国要抓住产业结构调整的有利机遇，充分利用两个市场、两种资源，积极推进能源结构调整，优化一次能源消费结构，实现能源利用的高效化、清洁化。逐步减少煤炭消费，大力推广清洁煤技术，尽量减少由于煤炭开发和利用引起的环境污染。增加对可再生能源领域的投资和政策扶持，大力开发太阳能、风能、生物质能等可再生能源，逐步提高可再生能源在能源生产和消费中的比重，形成多元化的能源生产和消费格局。改变以煤为主的能源消费结构，逐步降低煤炭、石油等化石能源的消费比重，实现由碳基能源向清洁能源的转化。

尽管能源结构调整可以在很大程度上减少温室气体排放，但这种减排潜力并不是无限的。首先，受发展阶段的约束。如果能源总量仍大幅增长，而结构调整不能满足能源供给需求，则化石能源的消费总量仍可能增加，这种情况主要存在于工业化进程中的发展中国家，中国就存在这种情况。其次，受成本的约束，在一定的技术条件下，能源结构调整受到成本的约束。例如，交通运输业（铁路除外）的主要能源形式是液态石油或天然气制品。虽然石油和天然气可以替代煤炭发电，但煤炭却很难替代石油制品作为汽车、飞机的液体燃料，即使有一部分可以替代，其成本也是相当高昂的，不具有可行性。最后，能源替代受到资源禀赋的制约。中国的化石能源以煤为主，石油和天然气相对短缺，决定了中国以煤炭的生产和消费为主的格局。

6.4.3 提高能源效率

在全球气候变暖与能源消耗高度相关的情况下，提高能源效率是减少温室气体排放的最有效方式。能源效率是一个国家整个能源价值链决策过程的核心因素，将成为新时期国际战略竞争的关键环节，因此提高能源效率需要在国家的战略层面给予高度关注。随着“节能减排”和“环境问题”成为全世界关注的焦点，作为能源消耗和碳排放大国的中国也在重新审视自己的能源效率。1978—2009年，中国单位GDP能耗从3.74吨标准煤/万元下降到1.08吨标准煤/万元，其下降的主要动力来自各产业能耗的下降，其中工业能源效率的提高是总体能耗下降的主要原因。但是必须看到，与发达国家相比，中国的能源效率仍然较低，能源效率提升空间很大，再加上中国能源消耗总量较大，能源效率的提升将对中国节能减排事业做出巨大贡献。提高能源效率是解决中国能源供需矛盾、保障能源安全的重要出路。中国应把提高能源效率作为当前及未来经济发展的重要目标之一。

6.5 优化贸易结构

6.5.1 大力发展服务贸易

近年来，以加工贸易为主的出口结构给中国环境带来了很大的压力。服务贸易不仅能耗低、污染少、附加值高，而且能够创造更多的就业机会和更高的效益。因此，发展服务贸易是促进低碳经济发展的有效办法。2013 年，中国服务贸易进出口总额达 5396.4 亿美元，居全球第三位，占中国对外贸易进出口总额的 11.5%，但离国际平均水平的 19%还有很大差距。在贸易的总体发展上，要优化服务贸易出口结构，在稳步发展传统服务贸易的同时，扩大高附加值服务产品出口，使其成为服务贸易结构调整的重要推动力量。

6.5.2 引导加工贸易转型升级

实现中国对外贸易低碳化就必须对高能耗、高污染、高排放、低附加值的加工制造业实施严格的能源消耗和碳排放规定，从源头上控制碳排放，引导出口产品结构向低能耗、低污染、低排放、高附加值的服务业和高科技产业方向转移，实现出口产品结构的多元化和高级化。把出口贸易的重心放在改变产品出口模式上，鼓励低碳、高能效行业的产品出口，提高出口产品的附加值和技术含量，限制或禁止高能耗和低附加值产品的出口。同时，要抓住国际产业结构调整和产业转移的有利机遇，加快加工贸易转型升级，进一步提升加工贸易的整体发展水平和国际竞争力。

6.5.3 减少对发达国家市场的依赖，实施出口市场多元化战略

中国应积极实施贸易多元化战略，减少对欧盟、美国和日本等主要贸易伙伴市场的过度依赖。近年来，除了欧、美、日等发达国家和地区外，中国还积极开发东盟、非洲、拉丁美洲等新兴市场，不断分散贸易风险。中国对美国、日本、欧盟的出口份额已经从 2001 年的 53%下降到 2011 年的 44%，其中，对美国的出口从 20%下降到 17.1%，对日本的出口从 16.9%下降到 7.8%，对欧盟的出口则从 15.4%上升到 18.7%。在发达国家经济体需求减少的同时，中国对新兴市场国家和地区的出口额大幅上升，平衡了中国的出口市场结构。

6.6 加强低碳技术的自主创新与国际合作

发展低碳技术是降低能源消耗强度，提高能源利用效率，实现低碳经济转型的重要手段。抢占未来低碳技术制高点对于世界各国经济可持续发展都具有重要的战略意义。

中国应根据当前低碳经济发展现状，立足自身国情探索不同于发达国家的低碳技术创新模式。中国政府当前应致力于为低碳技术创新创造良好的制度环境和有利于节能减排的市场机制，而不是使用行政手段强制推行。由于中国能源消费以煤炭为主，应大力推进煤炭清洁利用技术的研发与推广，提高煤炭工业技术水平；构建节能型经济发展模式，对高耗能、高污染、高排放企业技术设备进行升级换代；在能源开发、能源运输方式和设备利用各个环节进行技术改造，提高能源利用效率。社会经济发展要以资源为基础，与环境承载能力相协调，从而使低碳技术创新的目标朝着高科技、低消耗、低污染方向发展。

二氧化碳过度排放导致全球气候变化，其影响是全球性的，不受国家和地区的限制。应对全球气候变化，不是靠单个国家或少数国家的努力就可以解决的。地球是人类共同的家园，保护生态环境、延缓气候变化关系到人类的共同利益，这项前所未有的庞大系统工程需要众多国家的广泛参与和合作。开展低碳技术国际合作是积极、有效应对全球气候变化的基础。面对环境恶化、气候变暖等全球性问题，发达国家与发展中国家之间应加强沟通和协调，积极开展双边、多边、区域间、区域内等多元化的能源对话交流与合作，谋求建立一个信息公开透明、制度体系完善、各国平等互利、运行稳定良好的低碳市场。中国要以可持续发展理念为指导，以低碳技术创新为突破口，通过能源产业转型、新能源开发利用等多种手段，在能源使用技术、节能环保技术、能源法律法规建设等方面开展国际合作，与其他国家共同建立一个经济、安全、清洁的全球低碳合作机制。通过构筑全球能源合作框架，建立碳排放市场，实施清洁发展机制以及加强国际协调等措施来共同应对气候变化和能源安全的双重挑战，实现能源安全与经济的可持续发展。

第 7 章　结论与展望

7.1　结　　论

伴随着低碳经济时代的来临,全球气候变暖问题越来越受到各国政府的关注和重视,向低碳经济转型已成为世界经济发展的大趋势。低碳经济是 21 世纪以来全球范围内最大规模的技术、经济、社会、能源和环境革命,它比以往的工业革命和科技革命的影响更为深远、意义更为重大。全球经济的竞争不再是传统的劳动力、土地、资本、自然资源等生产要素的竞争,而是碳生产力的竞争。全球气候变暖和国际金融危机为各国低碳经济转型提供了历史机遇。以清洁能源利用、新能源和可再生能源开发为基本内容的绿色产业革命在全球范围内兴起,并呈现出迅速发展的态势。低碳经济成为后金融危机时代全球竞争和利益争夺的焦点。各国之所以争先发展低碳经济,根本目的是为了抢占低碳经济发展的制高点,力图在新一轮经济增长中获取更多的发展优势和更大的发展空间。发达国家凭借在技术、管理、制度等方面的优势,在实现经济集约化增长的同时,减少了碳排放,实现了经济增长与环境保护的双赢目标。发达国家已经陆续将低碳经济纳入国家经济和社会发展的战略规划,并积极采取措施加强低碳技术研发和创新,开发可再生能源替代技术,力图在未来低碳经济竞争中抢占发展先机,维护其在国际政治经济格局中的主导地位。发达国家经济发展水平的提高和社会财富的积累在两个方面促进低碳经济发展:一是知识积累和技术创新促进低碳技术进步;二是经济发展所需要的资本存量大大减少,可以将更多的能源消耗转移到其他行业,提升国民的消费水平。多数发展中国家由于经济发展相对滞后,工业化和城镇化尚未完成,大规模的基础设施建设正在进行,而且又承接了发达国家的高碳产业。在短期内,发展中国家以高碳产业为基础的传统经济发展模式向低碳经济发展模式转型是不现实的。如何兼顾经济发展与减少碳排放,成为发展中国家当前面临的主要问题。可以说,发达国家的低碳经济主要是实现经济发展与温室气体排放的绝对减少,而发展中国家应当是兼顾经济发展与节能减排的"中碳经济"。

发展低碳经济是中国社会经济可持续发展的必然选择。中国走低碳经济发展道路,一方面是积极应对气候变化、承担环境保护的国际责任,另一方面是为了更好地贯彻和落实可持续发展理念,建设资源节约型、环境友好型社会,实现中国经济社会的可持续发展。与发达国家相比,中国完成低碳经济转型的任务十分艰巨,面临的问题和困难更多。在低碳经济外部制约因素方面:首先,中国正处于经济发展的特殊阶段,工业化、城镇化的飞速发展决定了与能源密切相关的高耗能产业的快速增长。其次,中国经济增长具有明显的粗放型特征,主要通过扩大投资规模、增加能源资源的消耗来实现经济的快速增长,导致经济效益低下、资源浪费严重、产业结构不合理、生态环境问题突出等一系列问题。再次,受先天资源禀赋的约束,中国的能源消费一直以煤炭为主。最后,中国能源强度较高,能源利用效率低,能源浪费严重。在低碳经济内部制约因素方面:首先,低碳经济的法律法规体系不健全,低碳经济发展缺乏有利的制度保障。其次,低碳发展的金融体系不健全,缺乏资金支持。再次,低碳技术储备、创新与应用的障碍。在低碳经济"偏向性"制约因素方面:首先,中国作为全世界人口最多的国家,人口数量的绝对增长必然导致能源消费增加,碳排放也会呈上升趋势;较低的人均收入在一定程度上反映中国完成减排目标的能力。其次,中国的"世界工厂"角色,决定了中国以货物贸易为主的进出口结构、以加工贸易为主的贸易方式、以中低端制成品为主的出口产品结构。再次,中国工业化阶段,以化石能源为基础的大规模基础设施建设,其高碳排放的特性将被长期锁定。

面对低碳经济约束下节能减排、保护环境等一系列要求,中国政府提出了以人为本、全面协调可持续的科学发展观,并将发展低碳经济提升到国家战略高度。中国发展低碳经济的关键是转变经济发展方式。2009年底,中国政府决定加快转变发展方式,使2020年中国单位国内生产总值二氧化碳排放(即GDP碳排放强度)比2005年下降40%~45%,而且还将其作为约束性指标纳入国民经济和社会发展的中长期规划。低碳经济与中国当前大力提倡的节能减排、转变经济发展方式在本质上是一致的,为中国加快产业结构调整提供了一个有利的支撑点。发展低碳经济,顺应低碳全球化趋势,符合中国国情,是中国全面贯彻落实科学发展观、实现可持续发展的必然要求。这与中国政府正在推行的节能减排,建设资源节约型、环境友好型社会,加快转变经济增长方式和建设社会主义生态文明,在方向上是完全一致的。发展低碳经济对于中国是挑战,更是机遇。在挑战方面:中国是一个发展中大国,以煤炭为主的能源消费结构导致大量温室气体排放;能源技术相对落后,实施技术改造和产业升级的难度较大;面临着经济发展与环境保护的繁重任务。在机遇方面:中国向低碳经济转型具有减排空间大、减排成本低、技术合作潜力大等潜在优势。中国要将潜在优势转化为现实优势,抓住低碳经济发展的有利机遇,加快转变经济增长方式,努力实现由高碳能源向低碳能源的转变,使经济增长从主要依赖能源资源和其他要素投入的外延型增长方式向主要依赖科技创新和提高能效的内涵型增长方式转变;使经济结构随着经济规模的扩大和收入水平的提高,向高附加值、高质量的方向转变;由单一产品竞争向产业链竞争转变;使能源结构随着新能源和可再生能源的开发,向更加清洁的方向转变。这种转变是经济发展的必然趋势,也是实现中国经济可持续发展的必然要求。

发达国家发展低碳经济的成功经验值得中国借鉴。第一,英国走在全球低碳经济的前沿,作为全球低碳经济的领跑者,积极推动低碳经济在全世界的推广,在低碳政策法规、低碳技术、碳金融等方面都处于世界领先地位。英国已初步形成了以政府为主导、以市场为基础、以企业、公共部门和全民参与为主体的低碳经济发展体系。第二,美国也希望抓住低碳经济发展的有利契机,确立新的竞争优势。在低碳经济方面,美国政府的工作重点是新能源政策,以新能源为主导的跨产业技术革命正在美国拉开帷幕,它将成为刺激美国经济复苏的内在动力。当新能源技术发展成熟,美国将结合在金融服务和科学技术方面的优势,在全球范围内掀起新一轮产业革命,再次占领全球经济的制高点,巩固美国的世界霸权地位。第三,日本低碳经济发展的重心是可再生能源和环境技术。受国内能源资源贫乏和国际能源价格波动双重因素的制约,日本将发展可再生能源和优化能源供应结构作为低碳社会建设的战略重点,实现低碳发展与保障能源安全的双重目的。通过低碳技术研发,实现日本在"低碳社会行动计划"中提出的建设可再生能源大国和太阳能发电世界第一的目标。中国有必要参考和借鉴英国、美国和日本等发达国家发展低碳经济的有益经验,更稳固、更扎实地推进低碳经济实践。概括来讲,发展低碳经济既需要法律法规和政府政策的支持,也需要制度创新和科技创新的支撑,还需要产业结构、能源结构及消费结构的调整。中国需要从自身实际出发,结合低碳能源发展战略,以可持续发展理念为指导,在保证经济平稳运行的前提下,有计划、有步骤、有节制地开展节能减排行动。把发展低碳经济作为新形势下转变经济发展方式的有力抓手,从能源战略部署到资金支持,再到低碳技术研发和开发新能源,为低碳经济发展奠定坚实的基础。

总之,中国要正确分析和判断国内形势,审慎选择符合国情的低碳发展路径。在复杂的国内外政治经济环境中,积极参与应对气候变化,在节能减排、提高能效、技术创新和制度创新等方面,做好向低碳经济的转型,并在这一过程中确保经济发展同资源有限性和环境承载力相协调,实现经济、资源、环境的良性循环与发展,推动中国由"高碳时代"向"低碳时代"迈进。

7.2 创新点

第一,对低碳经济的内涵,从不同角度进行了阐述,从而丰富和拓展了低碳经济的内涵,深化了对低碳经济的理解和认识。

第二,在全球低碳经济转型的国际背景下,全面考察了中国低碳经济发展的现状及制约因素,并将制约中国低碳经济发展的因素划分为外部因素、内部因素和"偏向性"因素。

第三,不仅构建了低碳经济发展的理论框架,还有针对性和前瞻性地提出了向低碳经济转型的具体措施。

7.3 不足之处与未来展望

第一,低碳经济提出的时间不长,很多相关理论、观点还存在争议和分歧。目前国内外关于低碳经济转型的路径研究比较少,并且没有形成一定的理论体系,从而在相关文献的查找和资料搜集上存在一定的困难。因此,本书的一些结论还有待实践的检验。

第二,发展低碳经济是一个复杂、综合的系统工程,涉及诸多领域,而本书只对制约中国低碳经济的一些主要因素进行了分类分析,而其他一些未考虑到的因素有待以后进行系统分析和全面考察。

参考文献

[1] Grimaud A, Rouge L. Non-Renewable resources and growth with vertical innovations: optional, equilibrium and economic policies [J]. Journal of Environmental Economics and Management, 2003, 45(3):433-453.

[2] Aldy J, Stavins R. Architectres for agreement: addressing global climate change in the Post-Kyoto world [M]. Cambridge: Cambridge University Press, 2007.

[3] Antony Froggat. Barriers to transition to low carbon economy [J]. The Chatham House, 2009, (2):413-428.

[4] Mar B, Bakken O. Applying classical control theory to energy-economics modeling-a Tool to explain model behavior in response to varied policy decisions and changing inputs [J]. Management Science, 1981, (27):81-92.

[5] Baumol W, Oates W. The theory of environmental policy [M]. New York: Cambridge University Press, 1988.

[6] Bhagwati, Jagdish N. The miracle that did happen: understanding East Asia in comparative perspective [J]. Cornell University, 1996, 3(3):57-62.

[7] Bin S, Dowlatabadi H. Consumer lifestyle approach to US energy use and the related CO_2 emissions [J]. Energy Policy, 2005, (33):197-208.

[8] Birdsall N. Another look at population and global warming: poplation, health and nutrition policy research [J]. World Bank, 1992, 36(1):1-13.

[9] Cai Fang. Approaching a triumphal span: howfar is China towards its lewisian turning point [J]. Research Paper, 2008, (9):79-84.

[10] Christmann P, Taylor G. Globalization and the environment: determinants of firm self-regulation in China [J]. Journal of International Business Studies, 2001, 32(3):439-458.

[11] Christoph Heinzel, Ralph Winkler. Distorted time preferences and time-to-build in the transition to a low-carbon energy industry [J]. Environ Resource Economics, 2011, (49):217-241.

[12] Clark C W, Clarke F H, Munro G R. The optimal exploitation of renewable resource stocks: problems of irreversible investment [J]. Econometrica, 1979, (47):

25 - 47.

[13] Chen H, Hu H, Pan H. Low carbon denelopment: challenges for China as a rapid industrializing developing country [J]. China&World Economy, 2005, (2): 64 - 77.

[14] Chunbo Ma, David I Stern. China's changing energy intensity trend: a decomposition analysis [J]. Energy Economics, 2008, 30(3):1037 - 1053.

[15] Treffers D J, Faaij A P C, Sparkman J. Exploring the possibilities for setting up sustainableenergy systems for the long term: two vision for the Dutch energy system in 2050[J]. Energy Policy, 2005, (33):87 - 92.

[16] Daly H. Consumption: value added, phusical transfomation and welfare [J]. Washington, DC: Island Press, 1996, (6):49 - 59.

[17] Demurger S. Infrastructure development and economic growth: an explanation for regional disparities in China? [J]. J. C. E. , 2001, 29(1):95 - 117.

[18] Denison E F. Why growth rates differ: postwar experience in nine Western Countries [J]. Washington: Brookings Institution Publishing, 1967, (8):249 - 283.

[19] Giuseppe D V. Natural resources dynamics: exhaustible and renewable resources, and the rate of technical substitution [J]. Resources Policy, 2006, 31(9): 45 - 56.

[20] Dwyer Wiluam O, Frank C Leeming, Melissa K Cobern. Critical review of behavioral interventions to preserve the environment [J]. Environment and Behavior, 1993, 25(5):275 - 321.

[21] Eskeland G S, Harrison A E. Moning to greener pastures?: Multinationals and the pollution haven hopothesis [J]. Journal of Development Economics, 2003, (70):1 - 23.

[22] Frauke Urban. Climate-change mitigation revisited: low-carbon energy transitions for China and India [J]. Development Policy Review, 2009, 27(6): 693 - 715.

[23] Fujita Masahisa Paul R. Krugman Anthony J venable the spatial economy [M]. The MIT Press: Cambridge, Massachsetts, 1999.

[24] Gates D F, Yin J Z. Urbanization and energy in China: issues and implications [J]. Ashgate Publishing Limites, 2004, (5):89 - 96.

[25] Geller E Scott. The challenge of increasing proenvironment behavior [J]. In Handbook of Environmental Psychology, R. G. Bechtel, A. Churchman, Eds. New York: Wiley. 2002, (12):67 - 79.

[26] Gerking S, List J. Spatial economic aspects of the environment and environmental policy [J]. Cheltenham: Frontiers of Environmental Economics, 2001, 39(1):104 - 118.

[27] Gilbert J, Edward Tower E. Protectionism labor mobility and immiserizing

growth indeveloping economies [J]. Economics Letters, 2002, (75):124 - 135.

[28] Goeller H E, Weinberg A M. The age of aubstitutability [J]. Science, 1976, 191(2):683 - 689.

[29] Goldblatt, David L. Sustainable energy consumption and society: personal, technological, or social change? [J]. The Netherlands: Springer, 2005, 37(5): 112 - 117.

[30] Grey K, Brank D. Environmental issues in policybased competition forinvestment: a literature review [J]. Development Policy Review, 2002, 10(4): 365 - 384.

[31] Henrik Klinge Jacobsen. Technology diffusion in energy-economy models: the case of Danish vintage models [J]. Science, 2000, 21(1):43 - 72.

[32] Hiroyuki I. The effect ofurbanization on energy consumption [J]. Journal of Population Problems, 1997, 53(2):34 - 45.

[33] Hua Liao, Ying Fan, Yi-Ming Wei. What induced China's energy intensity to fluctuate: 1997 - 2006? [J]. Energy Policy, 2011, (35):4640 - 4649.

[34] IPCC. Land use, land use change and forestry: a special report of the IPCC [M]. Cambridge. Cambridge University Press, 2000.

[35] Irving Leveson J W Wheeler. Western economics in transition: structural change and adjustment policies in industrial countries [J]. Journal of International Business Studies, 1980, 18(6):545 - 560.

[36] Ish-Vanden K, Jefferson G H, Liu H. What is driving China's decline in energy intensity? [J]. Resource and Energy Economics, 2004, (26):145 - 152.

[37] Jing Cao. Reconciling economic growth and carbon mitigation: challenges and policy options in China [J]. Asian Economic Policy Review, 2010, (5):110 - 129.

[38] Johnston D, Lowe R, Bell M. An exploration of the technical feasibility of a-chieving carbon emission reductions in excess of 60% within the UK housing stock by the year 2050[J]. Energy Policy, 2005, (33):1643 - 1659.

[39] Jonathan E Sinton. What goes up: recent trends in China′s energy consumption? [J]. Energy Policy, 2000, 28(10):671 - 687.

[40] Kambara T. The energy situation in China [J]. The China Quarterly, 1992, 131(6):608 - 636.

[41] Karen Fisher-Vanden, Gary H Jefferson, Ma Jianyi. Technology development and energy productivity in China [J]. Energy Economics, 2006, (28):690 - 705.

[42] Kawase R, Matsuoka Y, Fujino J. Decomposition analysis of carbon emissino in long-term climate stabilization scenarios [J]. Energy Policy, 2006, (34):2113 - 2122.

[43] Khazzom J, Daniel. Economic implications of mandated efficiency standards for household appliances [J]. Energy Journal, 1980, 1(4):21 - 39.

[44] Kim Ji Hyun. Changes in consumption patterns and environmental

degradation in Korea [J]. Structural Change and Economic Dynamics, 2002, (13): 1-48.

[45] Kinzig, Kammen. National trajectories of carbon emissions: analysis of proposals to foster the transition to low-carbon economies [J]. Global Environmental Change, 1998, 8(3):183-208.

[46] Knapp T, Mockerjee R. Population growth and global CO_2 emissions [J]. Energy Policy, 1996, 24(1):31-37.

[47] Koji Shinada, Yoshitaka Tanaka, Kei Gom. Developing a long-term local society design methodology towards a Low-carbon economy [J]. Energy Policy, 2007, (35):4688-4703.

[48] Krugman, Paul. The myth of Asia's miracle [J]. Foreign Affairs, 1994, (12):1-12.

[49] Lenzen M. Primary energy and greenhouse gases embodied in Australian final consumption: aninput output analysis [J]. Energy Policy, 1998, 26(6):495-506.

[50] Lewis W A. Economic development with limited supplies of labour [J]. Manchester School of Social Science, 1954, (3):139-191.

[51] Lu Xuedu, Jiahua Pan, Ying Chen. Sustaining economic growth in China under energy and climate security constraints [J]. China and World Economy, 2006, 14(6):85-97.

[52] Maddison A. Growth and slowdown in advanced capitalist economies: techniques of quantitative assessment [J]. Journal of Economic Literature, 1987, (2): 649-698.

[53] Maddison A. The world economy: a millennial perspective, development centre OECD [J]. Energy Policy, 2001, (1):383.

[54] Marcelo Arbex, Fernando S Perobelli. Solow meets Leontief: economic growth and energy consumption [J]. Energy Economics, 2009, (5):138-143.

[55] Mark E Doms, Timothy Dunne. Energy intensity, electricity consumption, and advanced manufacturing-technology usage [J]. Technological Forecasting and Social Change, 1995, 49(3):297-310.

[56] Michael Dalton, Brian O′Neill, Alexia Prskawetz. Population aging and future carbon emissions in the United States [J]. Energy Economics, 2008, (30): 642-675.

[57] Ming Li. Peak energy, climate change, and limits to China's economic growth [J]. The Chinese Economy, 2012, 45(1):74-92.

[58] Stern N. The economics of climate change: the stern review [M]. Canbridge: Cambridge University Press, 2007.

[59] Nicole Ahner, Leonardo Meeus. Global versus low carbon economy: the case of the revised EU emissions trading scheme [J]. Recycle, 2010, 20(1):91-100.

[60] Tahvonen O, Salo S. Economic growth and transitions between renewable and nonrenewable energy resources [J]. Eouropean Economic Review, 2001, 45(8): 1379 - 1398.

[61] Parikh J, Shukla V. Urbanization, energy use and greenhouse effects in economic development: result from a cross-national study of developing countries [J]. Global Environmental Change, 1995, 5(2):156 - 163.

[62] Perkins R, Neumayer E. Transnational linkages and the spillover of environment-difficiency into developing countries [J]. Global Environmental Change, 2009, 19(3):375 - 383.

[63] Pindyck R O. Uncertainty in environmental economics [J]. Review of Environmental Economics and Policy, 2007, (1):45 - 65.

[64] Richard G N, Adam B J, Robert N S. The induced innovation hypothesis and energy-saving technological change [J]. The Quarterly Journal of Economics, 1999, (3):941 - 975.

[65] Robert Hoffmann, Chew-Ging Lee, Bala Ramasamy. FDI and pollution: a granger causality test using panel data [J]. Journal of International Development, 2005, (17):311 - 317.

[66] Ross Garnaut. Policy framework for transition to a low-carbon world economy [J]. Asian Economic Policy Review, 2010, (5):19 - 33.

[67] Salman Saif Ghouri. Correlation between energy usage and the rate of economic development [J]. Organization of the Petroleum Exporting Countries, 2006, (6):41 - 54.

[68] Salvador Enrique Puliafito, JoseLuis Puliafito, Mariana Conte Grand. Modeling population dynamics and economic growth as competing specics: an application to CO_2 global emissions [J]. Ecological Economics, 2008, (65):602 - 615.

[69] Schipper L, Battlett S. Linking life styles and energy use: a matter of time [J]. Annual Review of Energy, 1989, (14):271 - 320.

[70] Schmalesee R, Stoker T M, Judson R A. World carbon dioxide emission: 1995-2050[J]. Review of Economics and Statistics, 1998, (1):80 - 89.

[71] Shen L, Cheng S K, Gunson A J, et al. Urbanization, Sustainability and the Utilization of Energy and Mineral Resources in China [J]. Cities, 2005, 22(4):67 - 78.

[72] Solow Robert A. Contribution to the theory of economic growth [J]. The Quarterly Journal of Economics, 1956, 70(1):65 - 94.

[73] Stefan Bojnec, Drago Papler. Economic effeciency, energy consumption and sustainable development [J]. Journal of Buainess Economics and Management, 2011, 12(2):353 - 374.

[74] Streets D G Jiang, Sinton J E, Zhang X Q. Recent reductions in China's greenhouse gas emissions [J]. Science, 2001, 29(4):1835 - 1837.

[75] Azomahou T, Raouf B, Phu N. Promoting clean technologies: the energy market Structure Crucially Matters[EB/OL]. http://ideas repec org/p/dgr/unumer/2008032 html, 2010-03-06.

[76] Tony Blair. Breaking the climate deadlock: a global deal for our low-carbon future [J]. Global Environmental Change, 2008, (6):89-96.

[77] Treffers T, Faaij A P C, Sparkman J. Exploring the possibilities for setting up sustainable energy systems for the long term: two visions for the Dutch energy system in 2050[J]. Energy Policy, 2005, (33):1723-1743.

[78] Unruh G C. Understanding carbon lock-in [J]. Energy Policy, 2000, 28 (12):817-830.

[79] Unruh G C. Globalizing carbon lock-in [J]. Energy Policy, 2006, 34(10): 1185-1197.

[80] Rostow W. The stages of economic growth [M]. Cambridge: Cambridge University Press, 1966.

[81] W Th Douma I Massai, Montini M. The Kyoto ptotoclo and beyond legal and policy challenges of climate change [M]. Hague: T. M. C. Aaaer Press, 2007.

[82] Walter V Reid, Jose Goldemberg. Developing countries are combating climate change: actions in developing countries that slow growth in carbon emissions [J]. Energy Policy, 1998, (26):233-237.

[83] Weber Christoph, Perrels Adriaan. Modelling lifestyle effects on energy demand and related emissions [J]. Energy Policy, 2000, (28):549-566.

[84] Wei B R, Yangita H, Inaba A, et al. Urbanization impact on energy demand and CO_2 emission in China[J]. Journal of Chongqiong University-Eng. Ed., 2003, 2 (10):79-86.

[85] Weiwei Zhang, Chen Wang, Jin Lv. Research on the innovative financial support system for low carbon economy [J]. Aslan Soclal Science, 2010, 6(12): 201-105.

[86] Worrell E, Price L, Martin N. Energy efficiency and carbon diocide emissions reduction opportunities in the US iron and steel sector [J]. Energy, 2001, (26): 513-536.

[87] Merican Y, Yusop Z, Noor Z M. Foreign direct investment and the polltion in five Asian nations [J]. International Journal of Economics and Management, 2007, (2):245-261.

[88] Yi-Ming Wei, Lan-Cui Liu, Ying Fan. The impact of lifestyle on energy use and CO_2 emission: an empirical analysis of China's residents [J]. Energy Policy, 2007, (35):247-257.

[89] York R. Demographic trends and rnergy consumption in European Union Nations 1960-2025[J]. Social Science Research, 2007, 36(3):124-130.

[90] Энергетическая стратегия России на период до 2030 года.(Утверждена распоряжением Правигелъства Российской Федерации от 13 ноября 2009 г. No 1715 - р). //www. minprom. gov. ru

[91] Стребков Д. С. О совершенствовании законодателъства по развигию возобновл яемой знергетики[J]. Энергетическая политика，2011,(3):32 - 56.

[92] 鲍健强,苗阳,陈锋. 低碳经济:人类经济发展方式的新变革[J]. 中国工业经济,2008,(4):153 - 160.

[93] 蔡昉,都阳,王美艳. 经济发展方式转变与节能减排内在动力[J]. 经济研究,2008,(6):4 - 11.

[94] 曹玉书,尤卓雅. 资源约束、能源替代与可持续发展——基于经济增长理论的国外研究综述[J]. 浙江大学学报,2010,(7):5 - 13.

[95] 陈柳钦. 金融支持低碳经济发展问题探讨[J]. 当代经济研究,2013,(2):42 - 49.

[96] 陈诗一. 能源消耗、二氧化碳排放与中国工业的可持续发展[J]. 经济研究,2009,(4):41 - 55.

[97] 陈迅,袁海蔚. 中国生活能源消费行为影响因素的实证研究[J]. 消费经济,2008,(5):56 - 60.

[98] 陈岩,王亚杰. 发展低碳经济的国际经验及启示[J]. 经济纵横,2010,(4):102 - 106.

[99] 陈志恒. 日本低碳经济战略简析[J]. 日本学刊,2010,(4):53 - 66.

[100] 成金华,陈军. 中国城镇化进程中的能源消费区域差异[J]. 经济评论,2009,(3):43 - 50.

[101] 丑洁明,封国林,董文杰. 构建中国应对气候变化的低碳经济发展模式[J]. 气候变化研究进展,2011,(1):48 - 53.

[102] 邓子基. 低碳经济与公共财政[J]. 当代财经,2010,(4):5 - 10.

[103] 丁志国,程云龙,孟含琪. 碳排放、产业结构调整与中国经济增长方式选择[J]. 吉林大学社会科学学报,2012,(9):90 - 97.

[104] 段红霞. 国际低碳发展的趋势和中国气候政策的选择[J]. 国际问题研究,2010,(1):62 - 68.

[105] 范钰婷,李明忠. 低碳经济与中国发展模式的转型[J]. 上海经济研究,2010,(2):30 - 35.

[106] 冯登艳. 构建低碳消费方式是发展低碳经济的重要环节[J]. 消费经济,2012,(4):88 - 91.

[107] 冯之俊. 论循环经济[J]. 中国软科学,2004,(10):32 - 35.

[108] 冯之浚,牛文元. 低碳经济与科学发展[J]. 中国软科学,2009,(8):13 - 19.

[109] 付允,汪云林,李丁. 低碳城市的发展路径研究[J]. 科学对社会的影响,2008,(2):5 - 10.

[110] 耿海清. 能源基础与城镇化发展的相互作用机理分析[D]. 中国科学院地理

科学与资源研究所,2004.

[111] 龚建文．低碳经济:中国的现实选择[J]．江西社会科学,2009,(7):27-33.

[112] 郭朝先．产业结构变动对中国碳排放的影响[J]．中国人口·资源与环境,2012,(7):15-20.

[113] 郭连成,刘坤．转轨国家经济结构调整的现状与趋势——以中国和俄罗斯为研究视角[J]．财经问题研究,2011,(12):90-97.

[114] 郭连成,周轶赢．经济全球化与转轨国家政府职能转换研究[M]．第1版．北京:商务印书馆,2011.

[115] 何小钢,张耀辉．技术进步、节能减排与发展方式转型——基于中国工业36个行业的实证考察[J]．数量经济技术经济研究,2012,(3):1-15.

[116] 后勇,徐福缘,程纬．基于可再生能源替代的经济持续发展模型[J]．系统工程理论与实践,2008,(9):67-72.

[117] 胡春力．实现低碳发展的根本途径是产业结构升级[J]．开放导报,2011,(8):23-26.

[118] 胡雪萍,周润．国外发展低碳经济的经验及对中国的启示[J]．中南财经政法大学学报,2011,(1):16-20.

[119] 胡玉莹．中国能源消耗、二氧化碳排放与经济可持续增长[J]．当代财经,2010,(2):29-36.

[120] 黄飞雪,靳玲．城镇化对中国能源消费的影响机制研究[J]．产业经济评论,2011,(3):104-121.

[121] 黄光晓,林伯强．中国工业部门资本能源替代问题研究[J]．金融研究,2011,(6):86-96.

[122] 贾立江,范德成,武艳君．低碳经济背景下中国产业结构调整研究[J]．经济问题探索,2013,(2):87-92.

[123] 贾林娟．低碳经济背景下俄罗斯能源效率问题探析[J]．西伯利亚研究,2013,(4):31-36.

[124] 贾林娟．低碳经济发展的影响因素及路径设计[J]．科技进步与对策,2014,(3):26-29.

[125] 金涌,王垚,胡山鹰,等．低碳经济:理念·实践·创新[J]．中国工程科学,2008,(9):4-13.

[126] 金乐琴,刘瑞．低碳经济与中国经济发展模式转型[J]．经济问题探索,2009,(1):84-87.

[127] 李殿伟,文桂江．中国推进低碳经济发展的路径分析[J]．现代经济探讨,2010,(7):10-13.

[128] 李飞,庄贵阳,付加峰．低碳经济转型:政策、趋势与启示[J]．经济问题探索,2010,(2):94-97.

[129] 李金辉,刘军．低碳产业与低碳经济发展路径研究[J]．经济问题,2011,(3):37-40.

[130] 李健,周慧. 中国碳排放强度与产业结构的关联分析[J]. 中国人口·资源与环境,2012,(1):7-14.

[131] 李廉水,周勇. 技术进步能提高能源效率吗?——基于中国工业部门的实证检验[J]. 管理世界,2006,(10):82-89.

[132] 李齐云,商凯. 二氧化碳排放的影响因素分析与碳税减排政策设计[J]. 财政研究,2009,(10):25-34.

[133] 李士,方虹,刘春平. 中国低碳经济发展研究报告[M]. 北京:科学出版社,2011.

[134] 李士梅,张倩. 中国低碳经济发展模式的路径选择[J]. 江汉论坛,2011,(8):20-23.

[135] 李艳君. 世界低碳经济发展趋势和影响[J]. 国际经济合作,2010,(2):28-33.

[136] 李旸. 中国低碳经济发展路径选择和政策建议[J]. 城市发展研究,2010,(2):56-67.

[137] 林伯强. 中国低碳转型[M]. 北京:科学出版社,2011.

[138] 林伯强,刘希颖. 节能和碳排放约束下的中国能源结构战略调整[J]. 中国社会科学,2010,(1):56-62.

[139] 刘福寿. 金融危机与中国转变经济发展方式[J]. 经济学动态,2010,(9):49-52.

[140] 刘凤朝,孙玉涛. 技术创新、产业结构调整对能源消费影响的实证分析[J]. 中国人口·资源与环境,2008,(3):108-113.

[141] 刘华军,闫庆悦. 贸易开放、FDI与中国 CO_2 排放[J]. 数量经济技术经济研究,2011,(3):21-35.

[142] 刘莉娜,曲建生,邱巨龙. 1995-2010年居民家庭生活消费碳排放轨迹[J]. 开发研究,2012,(4):117-121.

[143] 刘敏,尹向东. 论低碳消费发展与扩大消费需求[J]. 中国流通经济,2011,(8):68-72.

[144] 刘胜. 中国低碳技术研发和应用中的困境及对策[J]. 财经科学,2012,(10):84-91.

[145] 刘耀彬. 中国城镇化与能源消费关系的动态计量分析[J]. 财经研究,2007,(11):22-34.

[146] 刘再起,陈春. 低碳经济与产业结构调整研究[J]. 国外社会科学,2010,(5):21-27.

[147] 鲁成军,周端明. 中国工业部门的能源替代研究——基于对ALLEN替代弹性模型的修正[J]. 数量经济技术经济研究,2008,(5):30-42.

[148] 鲁丰先,王喜,秦耀辰. 低碳发展研究的理论基础[J]. 中国人口·资源与环境,2012,(9):8-14.

[149] 骆华,费方域. 英国和美国发展低碳经济的策略及其启示[J]. 软科学,2011,(11):85-88.

[150] 马艳,严金强. 经济发展方式与低碳经济关系的理论与实证分析[J]. 经济纵横,2011,(1):38-42.

[151] 毛如柏. 关于循环经济理论与政策的几点思考[N]. 光明日报,2003-11-03.

[152] 潘家华. 怎样发展中国的低碳经济[J]. 绿叶,2009,(5):13-16.

[153] 潘家华,庄贵阳,郑艳. 低碳经济的概念辨识及核心要素分析[J]. 国际经济评论,2010,(4):88-101.

[154] 彭希哲,朱勤. 中国人口态势与消费模式对碳排放的影响分析[J]. 人口研究,2010,(1):48-58.

[155] 朴英爱. 低碳经济与碳排放权交易制度[J]. 吉林大学社会科学学报,2010,(5):153-158.

[156] 戚文海,矫萍. 全球气候变暖背景下俄罗斯加强低碳经济发展的路径选择[J]. 俄罗斯中亚东欧市场,2011,(1):6-15.

[157] 齐志新,陈文颖. 结构调整还是技术进步?:改革开放后中国能源效率提高的因素分析[J]. 上海经济研究,2006,(6):8-16.

[158] 齐志新,陈文颖,吴宗鑫. 工业轻重结构变化对能源消费的影响[J]. 中国工业经济,2007,(2):35-42.

[159] 仇保兴. 中国城镇化进程中的城市规划变革[M]. 上海:同济大学出版社,2005.

[160] 任力. 低碳经济与中国经济可持续发展[J]. 社会科学家,2009,(2):47-50.

[161] 邵光黎,鲁成军. 中国制造业的能源外部替代研究[J]. 河北经贸大学学报,2008,(4):52-57.

[162] 史丹. 中国能源效率的地区差异与节能潜力分析[J]. 中国工业经济,2006,(10):49-58.

[163] 史丹. 结构变动是影响中国能源消费的主要因素[J]. 中国工业经济,2009,(11):38-43.

[164] 石敏俊,周晟吕. 低碳技术发展对中国实现节能减排目标的作用[J]. 管理评论,2010,(6):48-53.

[165] 孙涵,成金华. 中国工业化、城镇化进程中的能源需求预测与分析[J]. 中国人口·资源与环境,2011,(7):7-12.

[166] 孙晓伟. 论中国发展低碳经济的制度安排[J]. 现代经济探讨,2010,(3):10-14.

[167] 王飞,丰志勇,陈建. 英国发展低碳经济的经验浅谈[J]. 生态经济,2010,(4):49-51.

[168] 王海建. 资源约束、环境污染与内生经济增长[J]. 复旦学报,2000,(1):76-80.

[169] 王小鲁,樊纲,刘鹏. 中国经济增长方式转换和增长可持续性[J]. 经济研究,2009,(1):4-16.

[170] 王文军,赵黛青,陈勇. 中国低碳技术的现状问题与发展模式研究[J]. 中国

软科学,2011,(12):84-91.

[171] 王岩．要在新的时代背景下实现低碳发展[J]. 经济纵横,2011,(1):30-33.

[172] 卫兴华,侯为民．中国经济增长方式的选择与转换途径[J]. 经济研究,2007,(7):15-22.

[173] 伍华佳．中国产业低碳化转型与战略思路[J]. 社会科学,2011,(8):46-54.

[174] 伍华佳．中国高碳产业低碳化转型产业政策路径探索[J]. 社会科学,2010,(10):27-34.

[175] 吴巧生,成金华,王华．中国工业化进程中的能源消费[J]. 中国工业经济,2005,(4):30-37.

[176] 吴文盛,吕建珍．低碳消费的路径选择与实现机制[J]. 当代经济管理,2011,(2):12-16.

[177] 杨芳．中国低碳经济发展:技术进步与政策选择[J]. 福建论坛,2010,(2):73-77.

[178] 游雪晴,罗晖．"低碳经济"离我们还有多远[N]. 科技日报,2007-7-22,(1).

[179] 于渤,黎永亮,迟春洁．考虑能源耗竭、污染治理的经济持续增长内生模型[J]. 管理科学学报,2006,(4):12-17.

[180] 于刃刚．低碳经济与河北产业结构调整[J]. 河北经贸大学学报,2011,(5):74-79.

[181] 张成,陆旸,郭路．环境规制强度和生产技术进步[J]. 经济研究,2011,(2):113-124.

[182] 张雷,黄园淅．中国产业结构节能潜力分析[J]. 中国软科学,2008,(5):27-34.

[183] 张雷,李艳梅．结构节能:中国低碳经济发展的基本路径选择[C]. 中国环境科学学会学术年会论文集,2010:166-173.

[184] 张培刚等译．经济发展理论[M]. 北京:商务印书馆,1990.

[185] 张晓平．20世纪90年代以来中国能源消费的时空格局及其影响因素[J]. 中国人口·资源与环境,2005,(2):23-28.

[186] 张友国．经济发展方式变化对中国碳排放强度的影响[J]. 经济研究,2010,(4):120-132.

[187] 赵敏．低碳消费方式实现途径探讨[J]. 经济问题探索,2011,(2):33-37.

[188] 郑云鹤．工业化、城镇化与中国能源消费研究[J]. 北方经济,2006,(10):56-60.

[189] 中国环境与发展国际合作委员会．低碳经济的国际经验和中国实践[R]. 2009,(12):25-35.

[190] 周宏春．低碳经济学:低碳经济理论与发展路径[M]. 北京:机械工业出版社,2012.

[191] 庄贵阳．中国经济低碳发展的途径与潜力分析[J]. 太平洋学报,2005,(11):79-87.

后　记

2018年是全面贯彻党的十九大精神的开局之年，是改革开放40周年，也是全国“两会”顺利召开、实施“十三五”规划承上启下的关键一年。对我来说，很多事情尚处于起步阶段。博士毕业四年多，我的工作和生活发生了翻天覆地的变化。三年前，由于一些现实因素，经过慎重考虑，我辞去了河南一所高校的稳定工作，来到安徽广播电视大学开始新的工作，新的起点促使我更加努力，不断坚定自己未来的研究方向；2016年儿子付靖博呱呱坠地，给紧张忙碌的工作增添了不少乐趣。

全球气候变暖给人类的生存和发展带来了严峻的挑战，发展低碳经济成为各国应对气候变化、保护环境以及保障能源安全的基本途径和战略选择。低碳经济被认为是继信息化革命之后的第四次产业革命，作为一种具有包容性的全面、协调、可持续增长方式，它能够有力地推动经济发展方式的转变。改革开放以来，中国经济发展取得了举世瞩目的成就。作为能源消耗大国，高能耗在推动中国经济快速增长的同时，也带来严重的环境污染、生态破坏等问题。因此，中国走低碳经济发展道路已经刻不容缓。本书围绕当前全球低碳经济发展状况与趋势，中国的低碳经济发展及其影响因素，面对气候变暖、环境恶化、能源供求失衡的严峻挑战，中国如何选择正确的低碳经济发展路径等重要问题展开深入研究。

本书共分为七章，第一章为绪论；第二章阐述了低碳经济的概念及低碳经济的理论基础；第三章论述全球低碳经济发展状况、基本趋势及对全球经济的影响；第四章研究中国低碳经济发展现状及制约因素；第五章分析了中国向低碳经济转型的路径；第六章根据中国低碳经济发展现状及面临的问题，并在借鉴发达国家低碳经济成功经验的基础上，提出推进中国低碳经济发展的政策建议；第七章为本书的结论与展望。

本书是在本人博士论文的基础上修改加工而成。拙著的完成，离不开诸多良师益友的帮助和提点。在书稿即将付梓之际，心中感慨万分，想借此机会向导师、朋友、亲人表示感谢。感谢东北财经大学的郭连成教授，郭老师对工作认真负责、对学术精益求精、对生活乐观豁达，他的人格魅力一直深深陶冶和熏陶着我，令我终生受益。感谢参加工作以来安徽开放大学经济与管理学院各位领导及同事的帮助与支持，他们分别是吴和生、王俊、周平、时允昌、宋红影、王璐、彭洁流等。感谢家人，特别感谢我的先生付凤超，他一直以来的鼓励与支持，使我有更多精力投入科研工作。家人的支持是我最坚强的后盾！

由于本人水平有限，本书存在不足之处，敬请同行及读者批评指正！

贾林娟

2019年4月

图书在版编目(CIP)数据

全球低碳经济发展与中国的路径选择/贾林娟,刘辉著．—合肥:合肥工业大学出版社,2021.12

ISBN 978-7-5650-4488-5

Ⅰ.①全…　Ⅱ.①贾…②刘…　Ⅲ.①世界经济—低碳经济—经济发展—研究　Ⅳ.①F113.3

中国版本图书馆 CIP 数据核字(2019)第 103461 号

全球低碳经济发展与中国的路径选择

贾林娟　刘　辉　著　　　责任编辑　张择瑞

出　版	合肥工业大学出版社	版　次	2021 年 12 月第 1 版
地　址	合肥市屯溪路 193 号	印　次	2021 年 12 月第 1 次印刷
邮　编	230009	开　本	787 毫米×1092 毫米　1/16
电　话	理工图书出版中心：0551-62903200	印　张	8.75
	营销与储运管理中心：0551-62903198	字　数	207 千字
网　址	www.hfutpress.com.cn	印　刷	安徽联众印刷有限公司
E-mail	hfutpress@163.com	发　行	全国新华书店

ISBN 978-7-5650-4488-5　　　定价：30.00 元